新 版

小学校 家庭科授業研究

池﨑喜美惠　編

教育出版

編者・執筆者一覧

編 者

池﨑 喜美惠　東京学芸大学

執筆者 （執筆順）

池﨑 喜美惠　東京学芸大学
増茂 智子　立教大学
新井 映子　静岡大学
内野 紀子　日本女子大学
榊原 典子　京都教育大学
吉本 敏子　三重大学
仙波 圭子　女子栄養大学

はじめに

　小学校家庭科は，昭和22 (1947) 年，家族を中心とした民主的な家庭建設を目指す男女共学の教科として発足した。その後，国際化，情報化，科学技術の進展，環境問題への関心の高まり，少子・高齢化など社会や家庭生活の変化とともに教育界への期待も反映して，学習指導要領が7回改訂され，現在に至っている。

　教育基本法や学校教育法の改正をふまえた審議の末，中央教育審議会は平成20 (2008) 年1月「幼稚園，小学校，中学校，高等学校及び特別支援学校の学習指導要領等の改善について」答申を行った。今改訂は，①基礎的・基本的な知識・技能の習得，②思考力・判断力・表現力等の育成，③学習意欲の向上や学習習慣の確立，④豊かな心や健やかな体の育成のための指導の充実をバランスよく図ることが求められた。そして，確かな学力，豊かな心，健やかな体の調和を重視する「生きる力」をはぐくむことの重要性が一層強調された。

　このような教育界の流れにそって，家庭科を指導するにあたり，学習指導要領の趣旨をよく理解し，改訂を踏まえた望ましい家庭科教育を推進できるように，そして，家庭科教師として望ましい資質や力量が養えるよう，本書の編集に心がけた。

　本書は，小学校の家庭科教育の基本的事項である家庭科の意義や目標をはじめ，家庭科の内容，学習指導，指導計画，評価など，家庭科を指導する上で習得しておくべき事項を概説した。また，教材研究として各内容に関する基礎的な事項や指導上配慮する要点を解説した。

　今回，本書の前身である『新訂 小学校家庭科授業研究』（武井洋子・田部井恵美子編，2000年，教育出版）の構成を改め，資料の更新を図り，執筆者を変更するなど一層の整備・充実を行った。本書の構想を練るに当たって，『新訂 小学校家庭科授業研究』の成果を活用させていただいたことを，ここに付記する。

　各執筆分担者は，現在，大学において小学校家庭科の教育に関する講義を担

当している研究者である。本書が大学ならびに短期大学にあって，小学校教員を目指そうとする学生の必携の書として活用されれば幸いである。また既に学校現場で活躍されている現職教員の方々にも，参考図書として活用していただければと願っている。そして，21世紀の家庭科教育のあり方を考える契機として，なおかつ家庭科を指導してみたいという意欲を持てるようになれば幸甚である。

最後に，本書の刊行に当たり，引用または参考にさせていただいた資料の関係者の方々に謝意を表する。また，編集にご尽力くださった教育出版の阪口建吾氏に心から感謝申し上げる。

2009年7月

池﨑 喜美惠

目　　次

はじめに

*1*章　家庭科の意義 …………………………………………………… *1*

 1　家庭科の成立 ………………………………………………………… *1*
  (1)　戦後の教育改革 ………………………………………………… *1*
  (2)　教育基本法と家庭科 …………………………………………… *3*
  (3)　学校教育法と家庭科 …………………………………………… *4*
 2　家庭科と児童の心身の発達との関係 ……………………………… *5*
  (1)　児童をとりまく家庭生活の実態 ……………………………… *5*
  (2)　児童の心理的発達 ……………………………………………… *10*
  (3)　児童の身体的発育 ……………………………………………… *12*
 3　家庭科の教科論 ……………………………………………………… *14*
  (1)　家庭科と家庭科教育学 ………………………………………… *14*
  (2)　家庭科の独自性 ………………………………………………… *17*
  (3)　他教科と家庭科 ………………………………………………… *18*
 4　家庭科と生涯学習 …………………………………………………… *23*
  (1)　生涯学習の必要性 ……………………………………………… *23*
  (2)　家庭科と家庭・学校・社会教育との関連 …………………… *27*

*2*章　家庭科の目標 …………………………………………………… *29*

 1　目標の変遷 …………………………………………………………… *29*
 2　目標設定の視点 ……………………………………………………… *35*
  (1)　児童の心身の発達との関連 …………………………………… *35*
  (2)　社会・家庭生活との関連 ……………………………………… *35*
  (3)　児童の欲求 ……………………………………………………… *36*
  (4)　他教科等との関連 ……………………………………………… *36*
  (5)　家庭科教育の歴史的変遷 ……………………………………… *36*

(6)　諸外国の家庭科教育 ……………………………………………… *37*
　3　目標の概要（平成20年告示　小学校学習指導要領　家庭）……… *37*
　　(1)　改訂の趣旨 …………………………………………………………… *37*
　　(2)　教科目標 ……………………………………………………………… *38*
　　(3)　学年目標 ……………………………………………………………… *39*

*3*章　家庭科の内容 …………………………………………………………… *41*

　1　内容の変遷 ………………………………………………………………… *41*
　2　内容設定の視点 …………………………………………………………… *45*
　3　内容の概要（平成20年告示　小学校学習指導要領　家庭）………… *46*
　　(1)　内容構成 ……………………………………………………………… *46*
　　(2)　内容 …………………………………………………………………… *49*

*4*章　家庭科の教材研究 ……………………………………………………… *53*

　1　家族・家庭生活 …………………………………………………………… *53*
　　(1)　家族・家庭生活に関する教育 ……………………………………… *53*
　　(2)　家族・家庭生活に関する内容研究と指導上の留意点 …………… *54*
　　(3)　教材研究及び指導における留意点 ………………………………… *61*
　2　食生活 ……………………………………………………………………… *62*
　　(1)　食生活に関する教育 ………………………………………………… *62*
　　(2)　食生活に関する内容研究と指導上の留意点 ……………………… *62*
　3　衣生活 ……………………………………………………………………… *76*
　　(1)　衣生活に関する教育 ………………………………………………… *77*
　　(2)　衣生活に関する内容研究と指導上の留意点 ……………………… *77*
　4　住居・住生活 ……………………………………………………………… *87*
　　(1)　住居・住生活に関する教育 ………………………………………… *87*
　　(2)　住生活に関する内容研究と指導上の留意点 ……………………… *87*
　　(3)　教材研究及び指導における留意点 ………………………………… *94*
　5　消費生活・環境 …………………………………………………………… *95*
　　(1)　消費生活・環境に関する教育 ……………………………………… *95*

(2)　「物や金銭の使い方と買物」に関する内容研究と指導上の留意点 …… *99*
　(3)　「環境に配慮した生活の工夫」に関する
　　　　内容研究と指導上の留意点 ……………………………………… *108*
　(4)　消費生活・環境の学習の発展に向けて ……………………………… *111*

5章　家庭科の学習指導 ……………………………………… *113*

　1　学習指導方法 ……………………………………………………… *113*
　(1)　学習指導の原理 ……………………………………………… *113*
　(2)　学習指導の形態 ……………………………………………… *114*
　(3)　学習指導法 …………………………………………………… *116*
　(4)　家庭科の学習指導の特質 …………………………………… *121*
　2　施設・設備 ……………………………………………………… *123*
　(1)　家庭教室（家庭科室）の必要性 …………………………… *123*
　(2)　家庭教室の種類と整備 ……………………………………… *123*
　(3)　設備・備品 …………………………………………………… *125*
　3　学習指導計画 …………………………………………………… *127*
　(1)　指導計画作成の意義 ………………………………………… *127*
　(2)　指導計画作成における留意事項 …………………………… *127*
　(3)　指導計画作成の基本事項 …………………………………… *131*

6章　家庭科の評価 …………………………………………… *143*

　1　学力と教育評価 ………………………………………………… *143*
　(1)　評価の目的 …………………………………………………… *143*
　(2)　新学習指導要領で求められている学力 …………………… *143*
　(3)　新学力観と評価 ……………………………………………… *144*
　(4)　評価の基本的な考え方 ……………………………………… *145*
　(5)　授業における観点別評価の実施と指導要録 ……………… *146*
　2　指導と評価の一体化 …………………………………………… *147*
　(1)　教科目標の分析と評価の観点 ……………………………… *147*
　(2)　学習評価の方法の選択と活用 ……………………………… *150*

3　学習評価の記録と活用 ……………………………………… *152*
　　　(1)　指導要録と通信簿 …………………………………………… *152*
　　　(2)　通信簿 ………………………………………………………… *154*

7章　家庭科の授業づくり ……………………………………… *155*

　　1　家族・家庭生活 ……………………………………………… *155*
　　2　食生活 ………………………………………………………… *159*
　　3　衣生活 ………………………………………………………… *163*
　　4　住生活 ………………………………………………………… *166*
　　5　消費生活・環境 ……………………………………………… *170*

付録

　　付録1　小学校学習指導要領　家庭（新旧対照表） ………………… *174*
　　付録2　小学校教材機能別分類表（抜粋） …………………………… *180*

1章 家庭科の意義

1 家庭科の成立

(1) 戦後の教育改革

　昭和20年(1945)，第二次世界大戦終結後，日本の教育は，C.I.E.の監督や指導のもとに，軍国主義の教育から民主主義の教育へと大きく変わった。昭和21年(1946)11月，日本国憲法の発布，昭和22年(1947)3月，教育基本法，学校教育法の公布により，国民学校が小学校となり，新しい教育課程が編成された。この教育改革は，明治5年(1872)の学制とともに日本の近代教育史において大きな変革をもたらした。特に，小学校では芸能科裁縫，芸能科家事に代わって，家庭科という新しい名称の教科が新設された。C.I.E.担当官のドノヴァン女史(Elleen R. Donovan)の言葉をかりていえば，家庭科は，1．女子のみの教科ではない，2．従来の家事科と裁縫科を合わせたものではない，3．単なる技能教科ではない，という，いわゆる三否定の立場に立った教科として誕生した[1]。

　昭和22年(1947)3月の「学習指導要領一般編（試案）」には，「家庭科はこれまでの家事科と違って，男女ともにこれを課することをたてまえとする。ただ，料理や裁縫のような，内容が女子にだけ必要だとみとめられる場合には，男子にはこれに代えて，家庭工作を課すること」と，書かれている。男女共学の家庭科ではあったが，実際の指導場面では男女が異なった教材で指導されていたという明治以来の技能教育の考えが残存していたことが示されている。

　また，同年5月の『学習指導要領家庭科編（試案）』の「はじめのことば」には，「家庭科すなわち家庭建設の教育は，各人が家庭の有能な一員となり，自分の能力にしたがって，家庭に，社会に貢献できるようにする全教育の一分

野である」「小学校においては，家庭建設という生活経験は，教科課程のうちに必要欠くべからざるものとして取り扱わるべきで，家庭生活の重要さを認識するために，第5・6学年において男女共に家庭科を学ぶべきである。これは全生徒の必須科目である」と述べられている。新しく生まれ変わる日本の民主教育の理念からしても，戦前の女子教育として定着していた家事・裁縫科を改編縮小して，民主的な家庭や社会の建設を担う教科となった家庭科にかける期待は大きかったことがわかる。学習指導要領家庭科の教育の全体を通じた総目標が示された。そのうち小学校家庭科の目標は，1．家庭を営むという仕事の理解と性別，年齢の如何にかかわらず家庭人としての責任のある各自の役割りの自覚，2．家人及び友人との間に好ましい間柄を実現する態度，3．自主的に自分の身のまわりの事に責任を持つ態度，4．食事の仕度や食品に興味を持ち，進んでこれを研究する態度，5．家庭生活に必要な技術の進歩，A．簡単な被服の仕立てと手入れ及び保存の能力，B．家庭の普通の設備や器具を利用したり，よく手入れをしたりする能力の5項目からなっていた（2章30ページ参照）。近代家庭像や家族関係を理解させたり，家庭生活の重要さやそれに対する自分の役割について自覚させたり，生活に必要な技術を習得させることを目指していた。

　このように家庭科は，男女共学の画期的な教科として第5・6学年に年間105時間，週3時間配当され，内容は単元形式で構成されていた。しかし，封建的な家族関係が残存していた当時の家庭状況の中で，新しい家庭科の目標が徹底しなかったこともあり，教師にとって民主的な家庭建設とはどんなことか理解しがたかったし，手引き書程度のものしかなかったということもあり，何をどのように教えたらよいか，暗中模索であった。その後，小学校家庭科については7回の学習指導要領の改訂が行われ，現在に至っている。制度的にみると，授業時数は減少したが，発足当時の家庭科の男女共学の理念を今日まで継承している。しかし，今日いまだ，家庭科に対する偏見や無理解が残存しているが，戦後の家庭科新設の経緯を振り返り，再度，根源に立ちかえって家庭科の教育的意義を考えてみる必要がある。

(2) 教育基本法と家庭科

　家庭科は学校教育における教科の1つであるので，公教育に関連する諸法規について理解することが必要である。主な関連法規とは，日本国憲法，教育基本法，学校教育法，学校教育法施行規則，学習指導要領である。ここでは，教育基本法と学校教育法について説明する。

　日本国憲法の精神にのっとり，新しい日本の教育の基本を明示した教育基本法が昭和22年（1947）3月に施行された。「個人の尊厳を重んじ，真理と平和を希求する人間の育成を期するとともに，普遍的にしてしかも個性豊かな文化の創造をめざす教育を普及徹底しなければならない」とし，教育の理念を述べた。昭和22年（1947）の教育基本法の制定から，半世紀以上が経過した。この間，科学技術の進歩，情報化，国際化，少子高齢化など，我が国の教育をめぐる状況は大きく変化するとともに，様々な課題が生じてきたことから，新しい教育基本法が，平成18年（2006）12月に改正された。教育基本法の第1条　教育の目的では，「教育は，人格の完成を目指し，平和で民主的な国家及び社会の形成者として必要な資質を備えた心身ともに健康な国民の育成を期して行われなければならない」と述べられている。また，第4条第1項　教育の機会均等では「すべて国民は，ひとしく，その能力に応じた教育を受ける機会を与えられなければならず，人種，信条，性別，社会的身分，経済的地位又は門地によって，教育上差別されない」と述べられている。このことは，女子のみの家庭科教育ではなく，一人の人間として学校教育の一教科である家庭科を学ぶ機会をすべての児童・生徒に与えられるべきことが，法律上認められている。

　特に，家庭科については，男女の区別なく平等に教育を受け，実生活に即しながら文化の創造や発展に貢献できる平和な国家や社会の形成者として，心身ともに健康な国民の育成を目指して教育することを念頭におかなければならない。

(3) 学校教育法と家庭科

　昭和22年（1947）に制定された学校教育法は，平成19年（2007）6月に一部改正された。義務教育として行われる普通教育は，教育基本法の第5条第2項に規定する目的を実現するために，第21条に義務教育の目標が10項目設定されている。

　そのうち，家庭科は以下の1，2，3，4，8の項目と関係がある。

第21条
1　自主，自律及び協同の精神，規範意識，公正な判断力並びに公共の精神に基づき主体的に社会の形成に参画し，その発展に寄与する態度を養うこと
2　生命及び自然を尊重する精神並びに環境の保全に寄与する態度を養うこと
3　伝統と文化を尊重し，我が国と郷土を愛する態度を養うこと
4　家族と家庭の役割，生活に必要な衣，食，住，情報，産業などについて基礎的な理解と技能を養うこと
8　健康，安全で幸福な生活のために必要な習慣を養い，心身の調和的な発達を図ること

　また，第29条に小学校は，心身の発達に応じて，義務教育として行われる普通教育のうち基礎的なものを施すことを目的とすると示されている。したがって，小学校の家庭科では，家族と家庭の役割，生活に必要な衣，食，住，情報，産業などについて基礎的な理解と技能を養うこと，さらに健康・安全で幸福な生活を送るために必要な習慣を養い，伝統・文化・生命及び自然を尊重する主体的な社会の形成者となるよう心身の調和的な発達を目指すことが，家庭科を指導する上で考慮することである。

　また，平成20年（2008）3月，学校教育法施行規則が一部改正され，小学校の教育課程は，表1－1－1に示すようになった。家庭科の授業時数は，従来どおり第5学年に60時間，第6学年に55時間が配当されている。

表1−1−1　小学校の教育課程

区分		第1学年	第2学年	第3学年	第4学年	第5学年	第6学年
各教科の授業時数	国語	306	315	245	245	175	175
	社会			70	90	100	105
	算数	136	175	175	175	175	175
	理科			90	105	105	105
	生活	102	105				
	音楽	68	70	60	60	50	50
	図画工作	68	70	60	60	50	50
	家庭					60	55
	体育	102	105	105	105	90	90
道徳の授業時数		34	35	35	35	35	35
外国語活動の授業時数						35	35
総合的な学習の時間の授業時数				70	70	70	70
特別活動の授業時数		34	35	35	35	35	35
総授業時数		850	910	945	980	980	980

＊この表の授業時数の一単位時間は45分とする。

2　家庭科と児童の心身の発達との関係

(1)　児童をとりまく家庭生活の実態

　発達段階の分け方は，シュトラッツ（Stratz, C. H.）の身体発達の視点，ピアジェ（Piaget, J.）の知的発達の視点，フロイト（Freud, S.）のリビドーの発達やエリクソン（Erikson, E. H.）の葛藤解決の発達など基準とする特徴や領域など区分の観点によっていろいろある[2]。一般的には学校制度など社会的慣習と結びつけて，生後約1年までを乳児期，1歳から6歳ころまでを幼児期，小学校段階を児童期，中学校から大学終了までを青年期，それ以降を成人期，高齢期という分け方が用いられている。児童期は学童期とも呼ばれ，遊びと学習が分化し，小学校に通学することにより新しい世界が展開する。

　近年，家庭のあり方が変化してきている。まず，家族構成では核家族世帯が増加し，逆に三世代世帯が減少している。児童のいる世帯の7割までが核家

族世帯であり，平均世帯人員が2.6人と，世帯構成の縮小化が進んでいる。また，出生率が低下し続け，平成元年 (1989) には，1人の女性が一生の間に出産する子どもの数（合計特殊出生率）は1.57人になり，平成14年 (2002) には1.32人，平成17年 (2005) には1.26人と最も少なくなった。しかし，平成19年 (2007) には1.34人と増加傾向がみられるようになった。少子化の要因として，女性の高学歴化，女性の社会進出，晩婚化，非婚者・非出産者の増加，家庭における養育費・教育費の負担感，住宅事情などがあげられる。また，「国民生活基礎調査」によると，平成16年 (2004) では，2人きょうだいの家庭が43.8％で，2人っ子の傾向がみられた。きょうだい数の減少により，きょうだいげんかをしない子が多くなったといわれるが，きょうだいげんかをしなくてすむほど物が豊富になったからだけではなく，性が異なったり年齢差が大きかったりするため，密接な心理的結びつきが薄くなったからではないかと思われる。

　このように，家族構成の縮小化や少子化，高齢化の傾向は，21世紀のわが国の大きな社会問題になっている。これらが，子どもの生活にどのように影響を及ぼすか，次の5つに集約できる[3]。①小さな集団は個人の行動により大きな影響を与えるので，子どもは親からの保護や干渉を受けやすくなる。②閉鎖的で密度の高い人間関係をもつので葛藤が生じやすい。③不安や葛藤が生じたとき，仲介に入る人がいないので，一度人間関係がこわれると修正されにくくなる。④両親の一方が病気や事故など，危機的な状況に出合うと，たちまち子どもの養育機能に支障が生じる。⑤きょうだい数の減少は，家庭内での子ども同士の協力関係によって育つ社会性の発達が妨げられる。

　また，平成16年 (2004) にベネッセは小学4年生から高校2年生までを対象に，毎日の生活の様子，親や友だちとの関係，学習行動など子どもたちの生活全般の意識や実態を分析した（図1－2－1）。そのうち，ふだんすることを尋ねたところ，小・中・高校生とも7～8割台の子どもが「漫画や雑誌を読む」「テレビのニュース番組を見る」の2項目をふだん行っていると回答した。しかし，学校段階が上がるとともに少なくなる項目は，「体を使って遊ぶ（スポーツなど）」（小学生73.2％＞中学生60.5％＞高校生54.9％，以下同様），「家の手伝い

1章　家庭科の意義

をする」（71.6％＞54.1％＞47.1％）などが顕著である。この時期の子どもたちに家庭の仕事について自己を振りかえらせ，実践させることは，子どもの生活の自立にとっても指導する意義があると思われる。

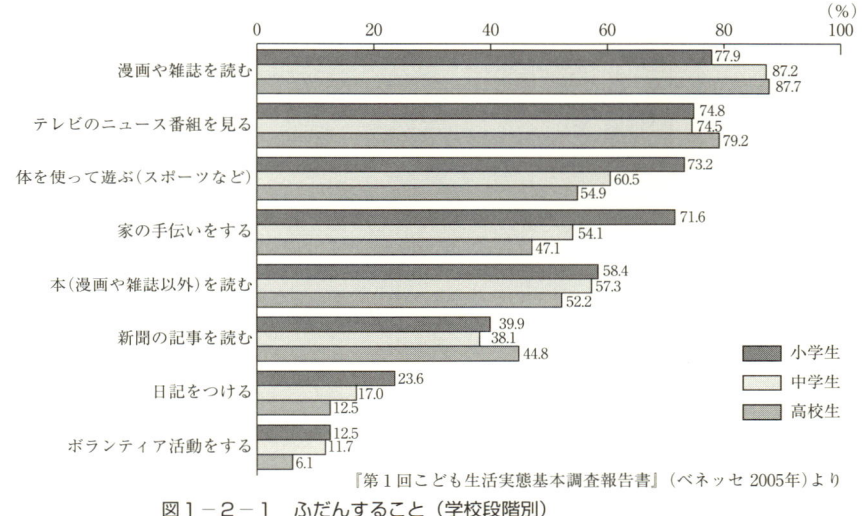

図1－2－1　ふだんすること（学校段階別）
「よくある」＋「ときどきある」の％

『第1回こども生活実態基本調査報告書』（ベネッセ 2005年）より

　図1－2－2に日本家庭科教育学会が2001年に全国の小・中・高校生を対象に家庭生活に関して実施した結果の一部を掲載する。家庭生活に関わる仕事18項目について実践の程度を問うた結果である。「家族の夕食を作る」「せんたく機で衣服のせんたく」「とれたボタンをつける」「パソコンを使って暮らしの情報を集める」「包装等はゴミになりにくい物を選ぶ」「お年寄りや体の不自由な人の手助け」などの実践率は低い。しかし，「季節や気候にあった服装を自分で決める」「へやをそうじしてきれいにする」「家族にたのまれた買い物をする」「近所の人にあいさつをする」「子どもの遊び相手をする」などは6割以上の児童が遂行している。子どもたちが家庭の中でどの程度生活経験を有するか，レディネスはどの程度備わっているかを把握し，家庭科で取り上げるべき知識・技能とは何かを検討する必要がある。

　忙しい日々を送っている子どもたちではあるが，詫摩武俊の『お手伝いが子

7

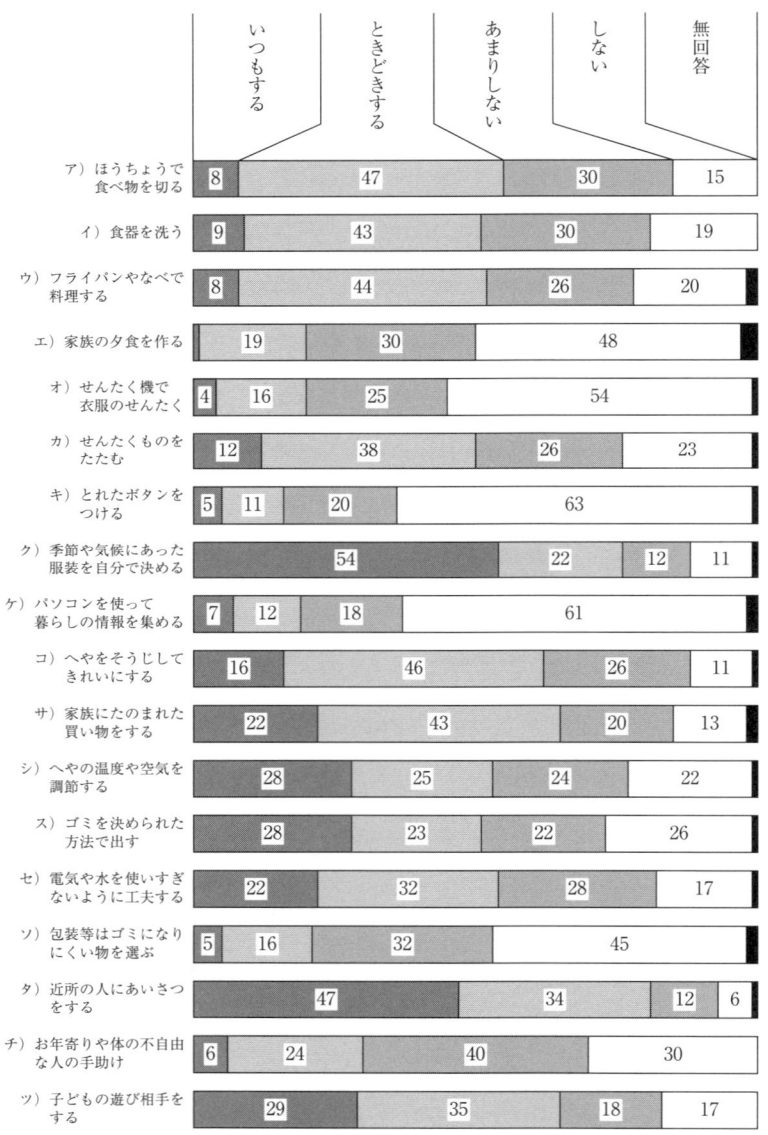

図1−2−2　家庭生活に関する仕事

〈資料〉『児童・生徒の家庭生活の意識・実態と家庭科カリキュラムの構築―家庭生活についての全国調査の結果』（日本家庭科教育学会　2002年）

どもを伸ばす』によると，お手伝いを経験しない子は，1．指示待ち人間になりやすい，2．生活常識が欠落してしまう，3．事務処理能力がつかない，4．自分がどんな人間かがわからない，5．人との関わりのある体験が少ない，6．お年寄りと接触することの大切さを知らず，他人の立場を思いやる気持ちがない，7．気配りが行き届かない，などをあげている。お手伝いをすることにより，生活処理能力が身につき，生活文化が伝承されていく。また，自己の存在価値を知り，情緒的にも豊かになるし，知的発達を促す。したがって，子どもにとって成長していくうえで必要不可欠であるので，親が教育的配慮をすることが望ましい。しかし，高度経済成長，科学技術の進歩により，家庭生活の合理化，機械化が進み，サービス産業の発達は家事労働の外部化を進展させた。今日の家庭生活の実情に鑑みると，果たして子どもがどのくらい手伝う必要性があるのか，手伝いのあり方が問われている。産業構造の変化により家庭は消費の場となり，子どもの労働体験の機会が少なくなってきたため，物の生産過程を知らない子が多くなった。また，子どもの生活経験の減少とともに，生活技能が低下し生活感も希薄化している。また，単身赴任や通勤に長時間がかかったり，子どもの塾通いなどにより家族員の生活行動が多様化し，子ども部屋をもち家族員とあまり顔を合わせないなど家庭内での家族の生活が個別化している。したがって，子どもは大人の生き方を手本とはしにくくなり，親は生活に必要なしつけや教育ができなくなってきているという，家庭の教育力の低下も問題視されている。

　以上述べてきたことに加え，最近の子どもの多くは，増え続ける小遣いの額と相まって，高価な物を持ち物質的には豊かな生活を送っている。物と情報に囲まれているため人格形成上歪みが生じ，精神的には貧しい姿が浮かび上がってくる。また，基本的生活習慣が身についておらず，手指の巧緻性も低下し，思いやりなどの人間的感情も薄れていることが指摘されて久しい。このような現状にいる子どもたちに，心身ともに健全な発達を促すことが家庭科教育に課せられている。そこで，家庭科でどのように指導していったらよいか，いくつかの提言をする。

① 家庭生活に関心を持たせ，より良くしていこうとする意欲を持たせる。そのためには，多様な家庭のあり方を容認しながら家庭教育との関連を図る。
② 生活的自立は生涯を通じて必要である。21世紀の高齢化・国際化社会に向けて，一人ひとりに生活自立能力を形成させる。そのためには具体的な学習題材を提案しなければならない。例えば生命や健康に関わる食生活の知識と技術の重視や日常生活では見ることができなくなった生活事象をわかりやすく教材化し，生活化させるなど。
③ 物や情報が氾濫している今日，グローバルな視点にたって，生活に必要なものを選択して利用できる能力を養う。そのためには，消費者教育・環境教育の充実が要請される。
④ 生活経験が乏しい子どもたちに具体的な経験の場を設定し，彼らが培った知識や技術，感性を駆使して，問題解決をさせるよう指導の工夫をする。

(2) 児童の心理的発達

　最近は，生活環境の変化や栄養面の充足により身体的成熟は早期化してきたが，その反面，高学歴化や経済的自立の遅延により，精神的自立が阻まれているといわれている。ピアジェ (Piaget, J.) は，年齢にともなって，自分の回りの世界をどのように認識しているかを感覚運動期（0～2歳），前操作期（2～7歳），具体的操作期（7～11歳），形式的操作期（12歳以降）の4段階に大別した。個人差や文化差があるため，年齢区分は目安であるが，児童期は具体的操作期と形式的操作期が混在する時期にあたる。実用的問題や具体的場面で現存する対象について操作的思考ができ，いくつもの視点から物事をとらえられ，得られた情報を相互に関連させて判断できるようになる。また，物事のみかけに影響されず論理的な首尾一貫性や可逆性が可能となる[4]。

　知的発達の面では，児童期は知識欲が旺盛で，機械的記憶によって科学的知識を取り入れようとする。また，学校教育を通して語彙数が増加し，言語が思考の道具として働く。幼児期の自己中心的な思考から脱却し，眼の前にある物

や事象，以前に経験したものと密接に関係のある物に対して，論理的な思考ができるようになる。このような時，自分だったらどうしてほしいか，どんな気持ちになるかなど相手の立場に立って考えられることは，家庭科で目指す家族の一員として家庭生活に貢献できる年齢に達している。また，小学校中学年では具体的思考や生活技術の獲得が可能となり，具体的な物に関心を持つようになる。高学年になると，抽象的な思考や科学的認識も可能となる。この時期は家族から心理的にも離れ，自我が芽生え批判的な物の見方をし，抽象的な物に価値をおき始める。したがって，子どもをとりまく家庭生活の実態や心身の発達を考慮すると，小学校高学年から家庭科教育が行われるのは，時期的にも遅いようである。低学年の生活科とも関連させて，中学年から家庭生活に関することを系統的に学習をするほうが一貫性がもてるので，家庭科の学習時期について再考する余地がある。

　社会性の発達では，児童中期になると子どもだけの興味・関心にささえられ，大人の権威に反抗するような行動をとることからギャング・エイジと呼ばれる集団が形成される。社会生活で必要な規則を守ること，協調の精神，自己の欲求の統制の仕方などを身につけ，社会的自立の準備がなされる。しかし，時間的・場所的制約により，友達と遊ばなくなった子ども・遊べなくなった子どもが多くなり，このような集団が形成されなくなってきたといわれている。また，自我意識の芽生え，自分なりの規範の形成などから周囲への批判や反発もみられる。さらに，外的事象にも関心が向き，課題意識も急速に発達するため，子どもたちに自己の家庭を見つめさせ，体験を通して「どうしてこうなるのか」「なぜこうするのか」という課題解決学習を取り入れていくことも可能となる。

　技能面や家庭生活観，幼児への愛情，学習内容への興味・関心などに現れる男女差は否定できないが，男女が協力して家庭をつくることを前提とした家庭科は，性役割と密接に関係する教科だけに子どもたちが健全な異性観や役割意識を持てるように指導することが必要である。

(3) 児童の身体的発育

　幼児期・児童期は身体的発育が著しいが，平成20年度の「学校保健統計調査速報」によると，11歳男子の身長は145.3cm，女子は146.8cm，体重は男子38.8kg，女子は39.3kgとなり，児童期の後半から青年前期にかけて女子の方が男子よりも早く第二次性徴が現れ，体格の逆転する時期がある（表1－2－1）。身長や体重の発育が著しく，活動も激しい児童にとって，衣服に関する内容や食物・栄養に関する内容は，学習欲求にかなっている。例えば洗濯や手入れに関する被服管理や衣服の着方についての学習は，心身の発達や活発な子どもたちの生活にたちかえって学習の導入をし，自己の問題としてとらえることができるため適切である。また，成長に必要な食物や栄養に関する内容も自己の健康や発育とも関連づけて理解しやすいであろうし，必要性も大きい。さらに，小学校低学年では台所の施設などを使いこなすには無理があったが，体格が成人に近づいてくるので，高学年になると容易に使えるようになる。このことは，家庭での実践も進んでできるようになるといえる。

表1－2－1　年齢別身長・体重・座高の平均値

区分		身長 (cm) 男	女	体重 (kg) 男	女	座高 (cm) 男	女
幼稚園	5歳	110.8	109.8	19.1	18.6	62.1	61.6
小学校	6歳	116.7	115.8	21.5	21.0	65.0	64.6
	7	122.5	121.7	24.2	23.6	67.7	67.3
	8	128.2	127.5	27.3	26.6	70.3	70.0
	9	133.7	133.6	30.8	30.1	72.8	72.8
	10	138.9	140.3	34.3	34.4	75.0	76.0
	11	145.3	146.8	38.8	39.3	77.8	79.3
中学校	12歳	152.6	152.1	44.5	44.2	81.4	82.2
	13	159.8	155.1	49.5	47.7	85.0	83.8
	14	165.4	156.6	54.9	50.4	88.2	84.9
高等学校	15歳	168.3	157.3	59.8	52.0	90.2	85.4
	16	170.0	157.7	61.6	53.0	91.2	85.6
	17	170.7	158.0	63.4	53.2	91.7	85.8

　　年齢は，平成20年4月1日現在の満年齢。
〈資料〉文部科学省「平成20年度学校保健統計調査速報」

　日本とアメリカの児童の手先の器用さの比較研究[5]によると，片手の器用さについては低学年においては日本の子どもの方が優れているという結果が報告

されている。しかし，10歳では日本の方が劣っているという結果であった。また，両手でひもを通したり，ネジを締めたりする両手の器用さでは，男子はアメリカと同様であったが，女子は劣っていた。迷路なぞりの器用さでは，日本の子どもの方が器用であった。特に協調操作の度合いが高度になるほど日本の子どもの不器用さが増し，この傾向は女子に顕著であった。これは，最近の子どもたちが自然を相手にした多様な遊びをすることが少なくなっている傾向と関連しているのではないかと推察する。

　小学校の中・高学年になると，運動能力も発達し，動作の速さ，正確さ，安全性などが高まり，目と手の協応動作が発達する時期であるため，「針と糸を用いて布を縫う」技術を学習することは，特に手指の巧緻性を高め，心身の発達を促し，「生きる力」の原動力となる[6]。手指を使用した学習は，子どもの手指の巧緻性を高めるためばかりでなく，これらの技能が身についた子どもは，誰かのためにその技能を役立てたい，作ってあげたいという気持ちになる。この心情の高まりを大切に受け止めることにより，技能の習得に励みが出てくるので，家庭科では子どもの学習意欲を減退させないように指導の工夫をしなければならない。小学校高学年の児童は，手縫いや包丁で食品を安全に速く切ることなどを無理なくこなすことができる発達段階にあるといえる。手指の巧緻性の発達は個人差が大きく，青年期まで続く。巧緻性は製作時間や作品の出来，不出来などにも関わるので，子どもたちが学習の場で挫折感や劣等感を持たないように，また，家庭科嫌いにならないように，小・中・高等学校の段階で子どもの実態を十分考慮することはいうまでもない。家庭生活に関する児童の知識・理解の発達の調査[7]では，「小学校段階では児童の具体的な経験を通しながら演繹的に認識を形成させ，それを生活にもどして生活で実践して定着させることが必要である。家庭生活に関する技能では，学年を追って発達し，食物関係技能は，被服関係技能より学年ごとに高まることが認められた。また，家庭科教育でとりあげられている教材内容の技能は，第5・6学年で顕著に上昇している。したがって，家庭生活や社会の刺激だけでは技能の伸びが少ないため，組織立った教育を行うことが必要であること」が報告されている。手や指

をよく動かすことにより，知能の働きも良くなるといわれていることから，手を使わなくてもすんでしまう現代の生活事情は，子どもの発達を考えると重要な問題である。

健康面からみると，過剰栄養摂取や運動不足により肥満の子どもが増加したこと，児童の虫歯の罹患率（63.8％）が高いこと，生活習慣病など子どもの健康上危惧すべきことがある。また，加工食品の安易な使用や朝食欠食の習慣化は，栄養のバランスを乱し，貧血症の原因にもなっている。したがって，児童期から運動量を十分に考慮して適切な栄養摂取を心がけ，望ましい食習慣を形成する必要性を理解させるためにも家庭科における食物教育は重要である。

3　家庭科の教科論

(1)　家庭科と家庭科教育学

家庭科は家政学を専門科学とする学校教育における1教科である。家政学の起源をたどると，古代ギリシャのオイコノミカ（Oikonomika）であるといわれている。そして，今日の学問として家政学が誕生したのは，Home Economicsを家政学の一般的総称としたレイク・プラシッド会議（1889～1908）においてである。家政学の母といわれるリチャーズ（Richards, Ellen. H.）は，優境学（Euthenics）を提唱した。優境学とは環境を優れたものにする科学で，人間は生きるためにより良い環境を創造することができる。人間が生活する環境を人的・物的両面からとらえ，健康的・文化的・合理的な価値を持つように，better living, right livingを追求しようとする科学である。

家庭科も家政学も他の諸科学の研究成果から有機的に学び，総合性・学際性を持つ教科・学問である。家庭科の基礎科学である家政学の研究成果を，家庭科教育を通して広く社会に還元させることが，家庭生活の充実向上につながる。そして，家庭科にしろ家政学にしろ，家庭などの生活の場で課題視されている問題や情報を早急に察知し，時代の要請に合った教育や研究をすることが望まれる。

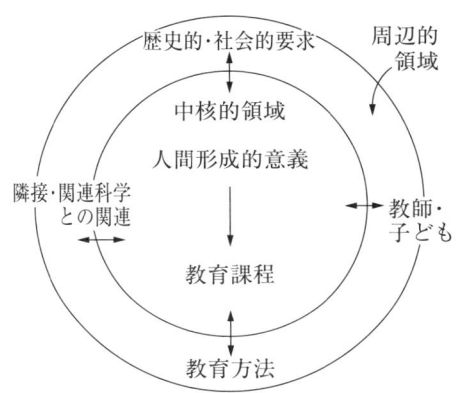

図1－3－1　家庭科教育学の構造（案）
（注）　この構想案は高久案をモデルに藤枝，内藤，山下の共同研究による。
〈資料〉　『教科教育学の創造への道標』東洋館出版社

　教員養成大学学部教官研究集会家庭科教育部会では，家庭科教育学は「家政学及び教育科学を基盤とし，家庭科教育の本質に関する研究と教授＝学習過程の分析及び構成に関する理論的，実践的研究を行う科学である」と定義している。つまり，家政学と教育学などとの交差領域のうえに成立する学問である。家庭科教育学の研究対象は，教授・学習過程を中心とした家庭科教育システムである。研究方法は，理論的研究，実証的研究・実践的研究がある。しかし，近年，家庭科教育学独自の研究領域を持つべきであるという説も出ている。例えば，第13期日本学術会議の中に「教科教育学連絡委員会」が設立され，科学としての教科教育学が追求されている。藤枝悳子は教科教育学には共通教科教育学（一般教科教育学）と各科教科教育学（個別教科教育学）とがあり，教科教育学という専門的な科学領域の下に対等に存在し，相互に関連を持ちつつ追求されるべきものであると概念づけている[8]。この枠組みに基づいて，内藤道子は，家庭科教育学の研究目的は，授業分析を中心としながら，それに時間的・空間的視点を設定した歴史的研究や地域・環境と絡めた社会的・文化的研究等も考えられるとした。また，教育における教科の目的・意義から家庭科教育の法則性を追求していくものでなければならないことを指摘している[9]。そ

して，家庭科教育学の構造を中核的領域と周辺的領域で構造化した（図1－3－1）。中核的領域は家庭科の本質を明らかにし，人間形成に貢献するためにはどのような基本構造を持ち，どのような教育内容が精選されるべきかという理論的研究分野である。周辺的領域では子どもの発達と教師との関係や歴史的・社会的条件の解明，家政学や教育学などとの関係やあり方の解明，人間形成のための方法を研究する。

家庭科教育学は，各科教育学として家庭科の授業を対象にし，科学的に研究する必要があり，家庭科教育学の理論的体系化が要請される。教育の目的が人間形成にあるとするなら，家庭科教育学も子どもの人的成長や人間形成を目的とし，教材を通して実践的研究と理論的研究との相互作用により追求する学問である。家庭科教育学では，家庭科の授業を通して子どもたちの生活認識や生活の技術の発達を促し，人間としての成長や発達に貢献するための教授と学習の原則を導き出すことが中心となる。そして，実践を展開するために授業内容の編成を中心としたカリキュラム論や，実践論やカリキュラム論に関わる問題を関連諸科学，例えば教育学，心理学や家政学などの研究成果を援用して，理論的に研究することも必要である。1教科として家庭科を教えるとなると，家庭科の教育的価値の問題，生活技能の問題，家庭科のカリキュラムや指導方法の問題など様々な課題にぶつかることになる。

さらに，藤枝惠子は，教科内容の構成の根拠として，①生活現象面から，②生活構造面から，③生活経営面から，④生活行動面から，の4つの視点をあげている[10]。①は食生活，衣生活，住生活，家族生活，育児生活，職業生活，経済生活など生活的な目的をもつまとまりととらえ，現代の生活に教育的価値のあるものを選んで教科内容を構成する。②は生活主体，生活客体，生活時間，生活空間，生活規範，生活手段などの要素を含む教材により，家庭生活を中心とする人間の生活の認識やあり方を学ばせる。③は人的・物的な資源を価値実現のために運用する技術や手段を媒介として有機的に働かせ，より良い生活を志向させようとする。④は家族の一員，消費者，生活者として行動する場合，調査過程，価値判断過程，意思決定過程，行動過程，行動アセスメント過程の

パターンを教材提示やカリキュラムに取り入れる。この4つの側面を，相互に関連させながら家庭科教育で目指すものを明確にしていかなければならない。

　つまり，家庭科は，環境との相互作用を図りながら，生活の自立を目指し，生活を見直す教科である。生活を総合的にとらえる場合，生活の現象面だけでなく生活構造論の立場から教科構成をしていくことが，新しい家庭科の教科論として考えられるだろう。そして，より良い環境を創造する人間の育成を目指すことが家庭科の使命といえる。

(2) 家庭科の独自性

　家庭科の教育目的についての諸説を整理すると，次のようになる[11]。育成する人間像として①望ましい家庭人，社会人の育成に重点をおく，②自立した生活者の育成に重点をおく，という2つのとらえ方がある。育成する能力として，①家庭生活または家庭生活を中心とする人間の生活の充実向上を図る能力の育成に重点をおく，②生活矛盾の認識とその解決に関わる能力の育成に重点をおく，③生活の充実向上を図る能力の育成に重点をおく，④実践的能力の育成に重点をおく，という4つのとらえ方がある。生活の充実向上という点では共通しているが，家庭人とするか生活者とするかの違いであり，生活の充実向上を図るためには，生活の矛盾を認識できなければならない。さらに，常に健康価値を追求しなければならない。そのために，家庭科を生活教育としてとらえ，健康教育・健康生活教育の視点を持つことも考えられる。また，もう1つの側面として，文化的な生活を営む生活文化教育の視点を持つこともある。

　家庭科の独自性として，松岡英子[12]は「生活課題」「生活者としての自立」「家庭生活認識」「総合性」をキーワードとしてあげている。快適な家庭生活を営むために達成しなければばらない課題を生活課題というが，家庭生活をよりよくしていくためには，生活課題を達成する能力が要求される。その育成を学校教育で担うのは家庭科以外にはない。そして，生活課題を達成するためには，生活資源や生活手段の改善だけでは対応しきれない。生活課題の内容や解決手段は複雑かつ多様化しているので，自分の意志と判断力に基づいた行動ができ

る実践力を持った生活主体者を育成することが家庭科に課された役割である。また，科学的に生活事象をとらえることにより，生活のしくみや生活の大切さや生活のあり方を解き明かすことができ，家庭生活認識につながる。さらに，総合性とは，生活を全体の一部分としてまた方法論的にも総合的にとらえることである。

　家庭科は家庭生活の改善向上を図る実践的な能力と態度を育成する。また，生活技能の習得や生活の科学的認識を目指し，実生活における矛盾や課題を解決する問題解決能力を育成するというところに教育的価値が見出される。さらに，実践的・体験的な活動により生活に対する関心を深め，創意工夫する能力を育成するというところに教育的特質がある。要するに，家庭科の独自性は，家庭生活を中心とする人間の生活の自然科学的，社会科学的認識や生活技術の習得など総合的な方法により，体験的な学習を通して生活を創造発展させることにある。つまり，総合性，創造性，実践性にあるといえる。

(3)　他教科と家庭科

　家庭科は小学校の9教科のうちの1教科であり，他教科との関連を考慮して指導しなければならない。表1-3-1に，社会科・理科・生活科・体育科などとの関連を要約する。例えば，第3・4学年の社会科では，地域の人々の生活にとって必要な廃棄物の処理の仕事について見学・調査するなどの学習をしている。社会科では公共の仕事として取り上げているが，家庭科では，自己の家庭ではどのようなゴミがどのくらい排出され，ゴミをどのように出しているか，ゴミを減らす工夫はしているかなど，自己の家庭から出発して学習が始まる。この点は同じゴミを扱っていても社会科とは取り上げ方が違っている。

　また，理科では第3学年A物質とエネルギー(3)光の性質では「物に光を当てると，物の明るさや暖かさが変わること」を既に学習している。この学習内容は，家庭科の衣服の暖かい着方や快適な住まい方の学習と関連する。また，第4学年A物質とエネルギー(3)天気の様子では「天気によって1日の気温の変化の仕方に違いがあること」を学習している。この内容も，衣服の着方や快適な

住まい方の学習と関連している。さらに，住まい方に関しては，第6学年A物質とエネルギー(1)燃焼の仕組みでは「植物体が燃えるときには，空気中の酸素が使われて二酸化炭素ができること」に関する事項も考慮して指導する必要がある。その他，衣服の手入れに関しては，第5学年のA物質とエネルギー(1)物の溶け方では「物が水に溶ける量は水の温度や量，溶ける物によって違うこと」や，第6学年のA物質とエネルギー(2)「水溶液には，酸性，アルカリ性及び中性のものがあること」とも関連している。

　生活科では低学年で，自分や家族，家庭生活のことを体験的に学習するという特徴がある。成長・発達してきた児童が，第5・6学年の家庭科で自分の立場をふまえて家族や家庭生活のことに再度目を向けることは，同様な題材を学習内容として扱ってもとらえ方が違ってくる。

　その他，体育科のG保健で，食事，運動，休養及び睡眠の調和のとれた健康によい生活，生活環境を整えること，病気の予防などの学習も行っている。算数の量と測定の長さやかさ，体積の単位などは，製作や調理実習ではかる概念の基礎となっている。また，図画工作のA表現は，製作におけるデザインや調理の盛りつけなどのセンスに関わってくる。このように考えると，家庭科は第5・6学年で学習するが，これまでの児童の各教科の既習内容をもとに，それを発展させるように家庭科の内容を考え，構成していく必要がある。

表1－3－1　他教科との関連

社会	
第3・4学年	(2)　地域の人々の生産や販売について，次のことを見学したり調査したりして調べ，それらの仕事に携わっている人々の工夫を考えるようにする。 (3)　地域の人々の生活にとって必要な飲料水，電気，ガスの確保や廃棄物の処理について，・・・・・，これらの対策や事業は地域の人々の健康な生活や良好な生活環境の維持と向上に役立っていることを考えるようにする。 (5)　地域の人々の生活について，次のことを見学，調査したり年表にまとめたりして調べ，人々の生活の変化や人々の願い，地域の人々の生活の向上に尽くした先人の働きや苦心を考えるようにする。
第5学年	(2)　我が国の農業や水産業について，・・・・・，それらは国民の食料を確保する重要な役割を果たしていることや自然環境と深いかかわりをもって営まれていることを考えるようにする。 　ア　様々な食料生産が国民の食生活を支えていること，食料の中には外国から輸入しているものがあること。
理科	
第3学年	A　物質とエネルギー (1)　物と重さ 　粘土などを使い，物の重さや体積を調べ，物の性質についての考えをもつことができるようにする。 　イ　物は，体積が同じでも重さは違うことがあること。 (3)　光の性質 　鏡などを使い，光の進み方や物に光が当たったときの明るさや暖かさを調べ，光の性質についての考えをもつことができるようにする。 　イ　物に日光を当てると，物の明るさや暖かさが変わること。 B　生命と地球 (3)　太陽と地面の様子 　日陰の位置の変化や，日なたと日陰の地面の様子を調べ，太陽と地面の様子との関係についての考えをもつことができるようにする。 　イ　地面は太陽によって暖められ，日なたと日陰では地面の暖かさや湿り気に違いがあること。
第4学年	A　物質とエネルギー (2)　金属，水，空気と温度 　金属，水及び空気を温めたり冷やしたりして，それらの変化の様子を調べ，金属，水及び空気の性質についての考えをもつことができるようにする。 　イ　金属は熱せられた部分から順に温まるが，水や空気は熱せられた部分が移動して全体が温まること。 B　生命と地球 (3)　天気の様子

		１日の気温の変化や水が蒸発する様子などを観察し，天気や気温の変化，水と水蒸気との関係を調べ，天気の様子や自然界の水の変化についての考えをもつことができるようにする。 　ア　天気によって１日の気温の変化の仕方に違いがあること。 　イ　水は，水面や地面などから蒸発し，水蒸気になって空気中に含まれていくこと。また，空気中の水蒸気は，結露して再び水になって現れることがあること。
第５学年		A　物質とエネルギー (1)　物の溶け方 　物を水に溶かし，水の温度や量による溶け方の違いを調べ，物の溶け方の規則性についての考えをもつことができるようにする。 ア　物が水に溶ける量には限度があること。 イ　物が水に溶ける量は水の温度や量，溶ける物によって違うこと。また，この性質を利用して，溶けている物を取り出すことができること。 B　生命と地球 (4)　天気の変化 　１日の雲の様子を観測したり，映像などの情報を活用したりして，雲の動きなどを調べ，天気の変化の仕方についての考えをもつことができるようにする。 　ア　雲の量や動きは，天気の変化と関係があること。
第６学年		A　物質とエネルギー (1)　燃焼の仕組み 　物を燃やし，物や空気の変化を調べ，燃焼の仕組みについての考えをもつことができるようにする。 　ア　植物体が燃えるときには，空気中の酸素が使われて二酸化炭素ができること。 (2)　水溶液の性質 　いろいろな水溶液を使い，その性質や金属を変化させる様子を調べ，水溶液の性質や働きについての考えをもつことができるようにする。 　ア　水溶液には，酸性，アルカリ性及び中性のものがあること。 B　生命と地球 (1)　人の体のつくりと働き 　人や他の動物を観察したり資料を活用したりして，呼吸，消化，排出及び循環の働きを調べ，人や他の動物の体のつくりと働きについての考えをもつことができるようにする。 　イ　食べ物は，口，胃，腸などを通る間に消化，吸収され，吸収されなかった物は排出されること。
生活 　第１・２学年		(2)　家庭生活を支えている家族のことや自分でできることなどについて考え，自分の役割を積極的に果たすとともに，規則正しく健康に

	気を付けて生活することができるようにする。 (3) 自分たちの生活は地域で生活したり働いたりしている人々や様々な場所とかかわっていることが分かり，それらに親しみや愛着をもち，人々と適切に接することや安全に生活することができるようにする。 (5) 身近な自然を観察したり，季節や地域の行事にかかわる活動を行ったりなどして，四季の変化や季節によって生活の様子が変わることに気付き，自分たちの生活を工夫したり楽しくしたりできるようにする。 (8) 自分たちの生活や地域の出来事を身近な人々と伝え合う活動を行い，身近な人々とかかわることの楽しさが分かり，進んで交流することができるようにする。 (9) 自分自身の成長を振り返り，多くの人々の支えにより自分が大きくなったこと，自分でできるようになったこと，役割が増えたことなどが分かり，これまでの生活や成長を支えてくれた人々に感謝の気持ちをもつとともに，これからの成長への願いをもって，意欲的に生活することができるようにする。
体育 第3・4学年 第5・6学年	G　保健 (1) 健康の大切さを認識するとともに，健康によい生活について理解できるようにする。 　イ　毎日を健康に過ごすには，食事，運動，休養及び睡眠の調和のとれた生活を続けること，また，体の清潔を保つことなどが必要であること。 　ウ　毎日を健康に過ごすには，明るさの調節，換気などの生活環境を整えることなどが必要であること。 (2) 体の発育・発達について理解できるようにする。 　ウ　体をよりよく発育・発達させるには，調和のとれた食事，適切な運動，休養及び睡眠が必要であること。 G　保健 (3) 病気の予防について理解できるようにする。 　ウ　生活習慣病など生活行動が主な要因となって起こる病気の予防には，栄養の偏りのない食事をとること，口腔の衛生を保つことなど，望ましい生活習慣を身に付ける必要があること。

4　家庭科と生涯学習

(1) 生涯学習の必要性

　平均寿命の伸びと同時に各年齢層の死亡率の低下により、高齢化社会が進展してきている。また、育児にかかる時間も少子化により短くなり、女性の高学歴化や就業志向と相まって人生のとらえ方に変化がみられてきている。このような社会的背景により、生涯教育 (lifelong integrated education の訳語) は、1965年、ポール・ラングラン (Paul Lengrand) によりユネスコ主催の第3回世界成人教育推進委員会で提唱された。これからは、①科学知識の増加と科学の進歩に適応するため、②社会構造の変化に適応するため、③労働と余暇をうまく調整し、活用するため、④人間性に目覚め、人間生活を充実、改善することにより豊かにするために生涯にわたって教育をしなければならないことが提言された。従来の教育制度は、学校を中心として人生の前半で行われてきたが、現在は知識や情報の変化が激しく、高齢化が進んでいるので、学校教育だけでは、対応が十分ではなくなってきた。そこで、だれでも年齢に関係なく、いつでも教育を受ける必要があることを呼びかけた。乳幼児期から老年期に至る個人の発達過程に対応し、家庭教育、学校教育、社会教育などがそれぞれの教育領域の役割と限界を明らかにして教育システムの再編成をすることが必要である。生涯教育は学校教育に限定されず、意図的・無意図的に人間形成に関わるすべての生活の場や時があてられる。私たちは生涯を通して様々な人間と関わり、困難な問題にぶつかり、自己を成長させていく。そのためには、主体的・創造的に生きていかなければならない。

　ハヴィガースト (Havighurst, R. J.) の『人間の発達課題と教育』の冒頭に書かれている「生活することは学ぶことであり、成長することも学ぶことである」という言葉は、生涯教育の理念を表している。ハヴィガーストによれば個人が順調に発達をするには、それぞれの段階において達成すべき課題がある。この発達課題の概念は子どもの教育の目的や内容を考える上で重要であるとともに、

生涯教育のめやすとも考えられる。特に，ハヴィガーストの人生各時期の発達課題[13]の中から特に家庭科教育と関連する課題を抽出すると，次のことが各発達段階において考えられる。

乳幼児期　②固形の食物の摂取の学習　⑤性の相違を知ること　⑧両親や兄弟姉妹や他人との結びつき

児童期　②生活体としての健全な態度の養成　④社会的役割の学習　⑥日常生活に必要な概念の発達

青年期　②社会的役割の学習　③身体の理解　⑤経済的な独立　⑥職業選択の準備　⑦結婚と家庭生活の準備　⑧市民として必要な知識と態度

壮年初期　①配偶者の選択　②配偶者との生活　③第１子をもうけること　④子どもを育てること　⑤家庭の管理

中年期　①市民的・社会的責任の達成　②経済的水準の維持　③子どもが信頼でき幸福な大人になることへの援助　⑥生理的変化への適応　⑦老親への適応

老年期　①肉体的な力と健康の衰退への適応　②隠退と収入の減少への適応　⑥肉体的な生活の準備

　ＩＴ化，グローバル化の進展など，社会・経済が急激に変化している。社会・経済の変化に対応していくために，幅広い年齢の人々に学ぶことへの意欲が高まっている。文部科学省では，学習需要の拡大に応え，さらに，学歴社会の弊害を是正していくという点から，「人々が，生涯のいつでも，自由に学習機会を選択して学習することができ，その成果が適切に評価される」ような生涯学習社会の構築の必要性を提言した。

　生涯学習とは，学校において行われている学習のみならず，地域・社会で行われている学習をも含んだ包括的な概念であり，文部科学省では，生涯学習社会の実現を目指し，学校教育・社会教育などの教育システム全体を総合的に見直している。

　平成20年（2008）に内閣府が実施した「生涯学習に関する世論調査」によると，

生涯学習という言葉を「聞いたことがある」と答えた者が80.5％，「聞いたことがない」と答えた者が19.5％であった。生涯学習についての認識が広まってきていることがわかる。また，この1年くらいの間に，どのような生涯学習をしたことがあるか複数回答で尋ねたところ，「健康・スポーツ（健康法，医学，栄養，ジョギング，水泳など）」をあげた者が22.5％，「趣味的なもの（音楽，美術，華道，舞踊，書道など）」をあげた者が19.8％と高く，以下，「パソコン・インターネットに関すること」（14.0％）の順となっており，「家庭生活に役立つ技能（料理，洋裁，和裁，編み物など）」（8.4％）は6位にあがっている。なお，「（この1年くらい）していない」と答えた者の割合が51.4％となっている。

　さらに，この1年くらいの間に，生涯学習をしたことがある者（867人）に，複数回答で生涯学習を通じて身につけた知識・技能や経験を，どのように生かしているか聞いたところ，「自分の人生がより豊かになっている」が43.8％，「自分の健康の維持・増進に役立っている」が41.6％，「家庭・日常の生活に生かしている」が37.5％，「仕事や就職の上で生かしている」が33.6％の順で多かった。前回の調査結果と比較してみると，「仕事や就職の上で生かしている」（27.5％→33.6％）をあげた者の割合が上昇していた。

　今後，生涯学習を「してみたいと思う」と回答した者（1,295人）に，どのような生涯学習をしてみたいと思うか複数回答で聞いたところ，図1−4−1に示すように，「健康・スポーツ（健康法，医学，栄養，ジョギング，水泳など）」をあげた者が55.1％，「趣味的なもの（音楽，美術，華道，舞踊，書道など）」をあげた者が53.2％と高く，以下，「教養的なもの（文学，歴史，科学，語学，社会問題など）」（29.2％），「パソコン・インターネットに関すること」（25.8％），「家庭生活に役立つ技能（料理，洋裁，和裁，編み物など）」（23.6％）などの順となっていた。上位5位の中に家庭生活に関するものがあがっていることは，人々の家庭生活に対する学習の欲求が高く，家庭科で学習する内容は一生涯，その人の役に立ち，さらに研鑽を積んでいかなければ質の高い生活は期待できないということになる。

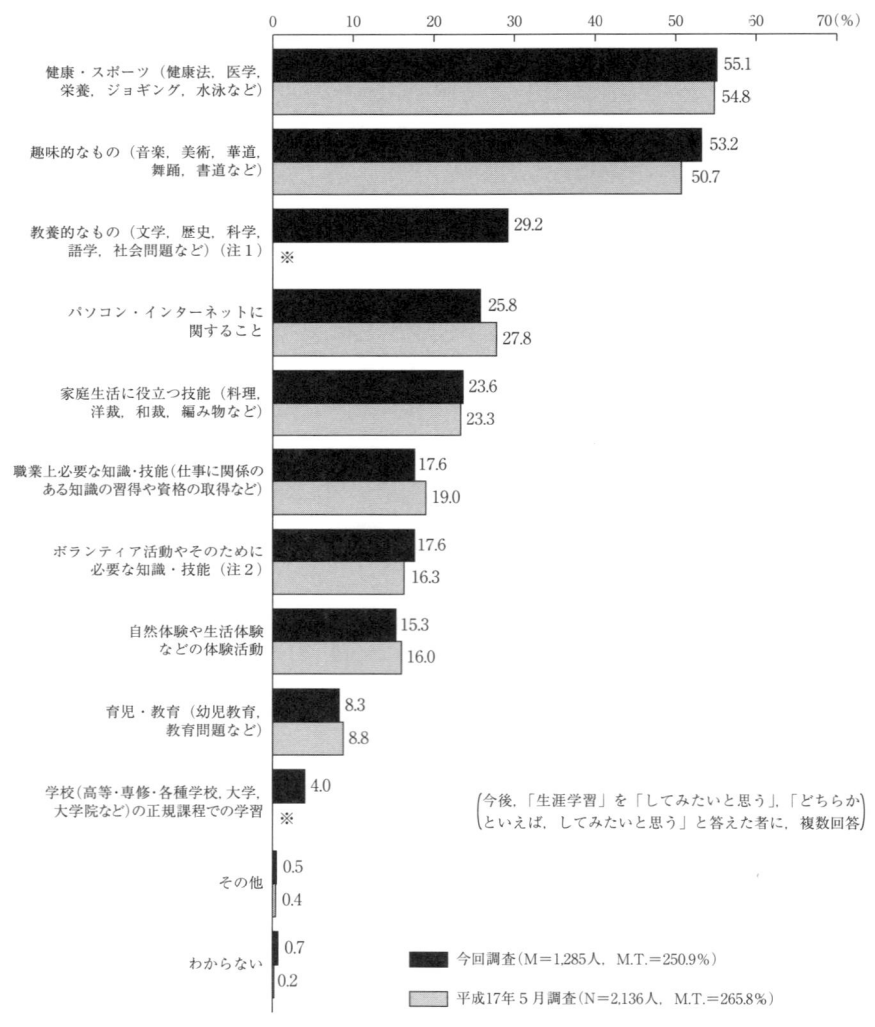

図1-4-1 してみたい生涯学習

(注1) 平成17年5月調査では,「教養的なもの(文学,歴史,科学など)」(21.3%),「社会問題(社会・時事問題,国際問題,環境問題など)」(13.1%),「語学(英会話など)」〈11.4%〉となっている。

(注2) 平成17年5月調査では,「ボランティア活動やそのために必要な知識・技能(点訳,手話,介護など)となっている。

また，家庭科を指導する教師にも，生涯学習の理念は，職業人として必要である。日進月歩の社会や家庭生活での知識や技術を習得し，教養を身につけ，教師としての人間性を豊かにするために，教師は自己研鑽が必要である。したがって，科学技術の高度化，情報化，国際化，高齢化を迎える混迷の時代においては，自己啓発を促し，自己の欲求に応じて人生のあらゆる場と時において学習する機会を持つ新しい教育のあり方が問われている。

(2) 家庭科と家庭・学校・社会教育との関連

　前述の生涯教育の理念に則って教育をとらえると，生涯教育には，家庭教育，学校教育，社会教育の3つの場が考えられる。家庭教育との関連では，「三つ子の魂百まで」ということわざのように，幼少期に培われた生活習慣や言語，心情などは一生涯その人の身についている。家庭科教育と家庭教育との相違は，家庭教育は生まれる直前から死ぬまで家庭という場で行われ，家庭教育をされる立場からする立場へと変化していく。家庭科教育は，学校という場で教科として制約された期間や時間内で行われる。また，内容は生活に関することではあるが，家庭教育は家族（親）がしつけや言語などを必要に応じて無意図的に自然に教育しているが，家庭科教育は家庭科教師が専門的に子どもの発達段階を考慮して意図的に行う。家庭教育は家族の持つ価値観や必要性により教育の様態が違ってくる。家庭科は家庭生活を学習対象としているので，実践の場である家庭との連携が必要である。

　ところで，家庭生活を中心とした人間の生活を総合的にとらえるのが家政教育である。学校外の家政教育としては，胎児から死亡するまでのあらゆる機会をとらえ，地方公共団体などが行う講座や研修などの公的社会教育やいわゆるカルチャーセンターなどの私的社会教育などで，家庭生活に関する教育を行うことができる。また，家庭教育では先に述べたように，しつけや家庭生活技能を教育することができるであろう。一方，学校内の家政教育として，保育園や幼稚園から大学までの教育機関の中で，学習者の生活経験や能力に応じて，生活科教育，家庭科教育など，学校段階に応じた教育をすることができよう。

人間の成長は永続的なものなので，知識や技術を学校教育の中ですべて獲得させようという学校教育万能の考え方は現代にはそぐわなくなってきている。生涯において健全な生活を営むために，個性や能力を発揮し生活文化に関心を持たせることは，学校教育における家庭科教育の使命である。学校教育を基礎として生涯にわたる継続性を持った学習を進め，基礎・基本の徹底と自己教育力の育成が必要となってくるであろう。

　　　　　　　　　　　　　　　　　　　　　　　　　　　　（池﨑喜美惠）

〈引用文献〉
1）斎藤健次郎・藤枝惠子（1979）『家庭生活と技術の教育』(P.39) 学習研究社
2）辰見敏夫他編（1982）『要説教育心理学』(p.24) 実務教育出版
3）日本家政学会編（1990）『子どもの発達と家庭生活』(p.16) 朝倉書店
4）下山剛編（1991）『児童期の発達と学習』(p.21) 学芸図書
5）辻井正次・宮原資英編著（2002）『子どもの不器用さ　その影響と発達的援助』(p.133～142) ブレーン出版
6）柳澤澄子，祖父江茂登子，近藤史郎（1997）『子どもの心身の発達を促す手仕事のすすめ―折る・編む・縫う―』(p.188) 家政教育社
7）村山淑子・中村よし子（1981）「家庭生活に関する児童・生徒の発達（第1報）（第2報）」(P.16～28) 『日本家庭科教育学会誌』第24巻1号
8）東洋・蛯谷米司・佐島群巳編（1990）『教科教育学の成立条件』(p.46～47) 東洋館出版社
9）真野宮雄・蛯谷米司・佐島群巳編（1992）『教科教育学の創造への道標』(p.101) 東洋館出版社
10）藤枝惠子・内藤道子・山下智恵子・西村綏子（1978）『小学校家庭科教育法』(p.26～30) 家政教育社
11）中間美砂子（1987）『家庭科教育学原論』(p.57～66) 家政教育社
12）信州大学教科教育研究会（1986）『教科教育学の構想（下巻）』(p.145～148) 明治図書
13）関口礼子・小池源吾・西岡正子・鈴木志元・堀薫夫（2002）『新しい時代の生涯学習』(p.19～20) 有斐閣

〈参考文献〉
1）辰見敏夫他編（1982）『要説教育心理学』実務教育出版
2）詫摩武俊（1990）『お手伝いが子どもを伸ばす』日本放送出版協会
3）教師養成研究会家庭科教育学部会（1991）『小学校家庭科の研究』学芸図書

2章 家庭科の目標

1 目標の変遷

　1章で述べたように，小学校家庭科は，戦後の教育改革において新しく発足した教科である。昭和22年(1947)に発行された学習指導要領には小学校第5・6学年を対象とした5項目からなる小学校家庭科の目標のほかに，小・中・高等学校全体を通した家庭科に対する目標として総目標が示されている。このことによって，改革された戦後の家庭科の教育目標を明確にすると同時に，家庭科教育全般に対する考え方を明示している。総目標には，

1　家庭において（家族関係によって）自己を成長させ，また家庭及び社会の活動に対し自分の受け持つ責任のあることを理解すること。
2　家庭生活を幸福にし，その充実向上を図っていく常識と技能とを身につけること。
3　家庭人としての生活上の能率と教養とをたかめて，いっそう広い活動や奉仕の機会を得るようにすること。

の3項目が示された。戦後の新憲法，新民法の考え方に立って，両性が協力して作り上げる民主的な家庭の建設者の育成を明示している。このような家庭科教育全般の目標を受けて，小学校の目標が示された。表2-1-1には，小学校家庭科の学習指導要領に示された目標の変遷を示す。新設された小学校の家庭科のねらいは，家庭内の仕事や家族関係を中心におき，新憲法の精神に基づいた家庭生活を営むことの重要さを認識させるものであった。

　昭和26年(1951)に学習指導要領の改訂が行われた。この間，この新しい家庭科を普及し，徹底することは非常に困難であったといわれる。また，家庭科に

表2-1-1　目標の変遷

実施年度	目　　標
昭和22 〜30年度 （昭22.5.15発行）	1　家庭を営むという仕事の理解と，性別，年齢の如何にかかわらず家庭人としての責任ある各自の役割りの自覚。 2　家庭及び友人との間に好ましい間柄を実現する態度。 3　自主的に自分の身のまわりの事に責任を持つ態度。 4　食事の仕度や食品に興味を持ち，進んでこれを研究する態度。 5　家庭生活に必要な技術の初歩。 　A　簡単な被服の仕立てと手入れ及び保存の能力。 　B　家庭の普通の設備や器具を利用したり，よく手入れしたりする能力。
昭和31 〜35年度 （昭31.2.24発行）	1　家庭の構造と機能の大要を知り，家庭生活が個人及び社会に対してもつ意義を理解して，家庭を構成する一員としての責任を自覚し，進んでそれを果たそうとする。 2　家庭における人間関係に適応するために必要な態度や行動を習得し，人間尊重の立場から，互いに敬愛し，力を合わせて，明るく，あたたかい家庭生活を営もうとする。 3　被服・食物・住居などについて，その役割を理解し，日常必要な初歩の知識・技能・態度を身につけて，家庭生活をよりよくしようとする。 4　労力・時間・物資・金銭をたいせつにし，計画的に使用して，家庭生活をいっそう合理化しようとする。 5　家庭における休養や娯楽の意義を理解し，その方法を反省くふうして，いっそう豊かな楽しい家庭生活をしょうとする。
昭和36 〜45年度 （昭33.10.1告示）	1　被服・食物・すまいなどに関する初歩的，基礎的な知識・技能を習得させ，日常生活に役立つようにする。 2　被服・食物・すまいなどに関する仕事を通して，時間や労力，物資や金銭を計画的，経済的に使用し，生活をいっそう合理的に処理することができるようにする。

	3　健康でうるおいのある楽しい家庭生活にするように，被服・食物，すまいなどについて創意くふうする態度や能力を養う。 4　家庭生活の意義を理解させ，家族の一員として家庭生活をよりよくしようとする実践的な態度を養う。
昭和46 〜54年度 （昭43．7．11告示）	日常生活に必要な衣食住などに関する知識・技能を習得させ，それを通して家庭生活の意義を理解させ，家族の一員として家庭生活をよりよくしようとする実践的な態度を養う。 　このため， 1　被服・食物・すまいなどに関する初歩的，基礎的な知識，技能を習得させ，日常生活に役だつようにする。 2　被服・食物・すまいなどに関する仕事を通して，生活をいっそう合理的に処理することができるようにする。 3　被服・食物・すまいなどについて創意くふうし，家庭生活を明るく楽しくしようとする能力と態度を養う。 4　家庭の立場や役割を理解させ，家族の一員として家庭生活に協力しようとする態度を養う。
昭和55 〜平成3年度 （昭52．7．23告示）	日常生活に必要な衣食住などに関する実践的な活動を通して，基礎的な知識と技能を習得させるとともに，家庭生活についての理解を深め，家族の一員として家庭生活をよりよくしようとする実践的な態度を育てる。
平成4 〜平成13年度 （平1．3．15告示）	衣食住などに関する実践的な活動を通して，日常生活に必要な基礎的な知識と技能を習得させるとともに家庭生活についての理解を深め，家族の一員として家庭生活をよりよくしようとする実践的な態度を育てる。
平成14 〜平成22年度 （平10．12．14告示）	衣食住などに関する実践的・体験的な活動を通して，家庭生活への関心を高めるとともに日常生活に必要な基礎的な知識と技能を身に付け，家族の一員として生活を工夫しようとする実践的な態度を育てる。

関する批判的意見も聞かれ，教育課程審議会では小学校に家庭科を特設することの適否に関しての審議がなされた。その結果，教科として家庭科の設置は認められたが，家庭科の改訂は見送られた。しかし，家庭科の使命を明らかにし，さらに，小学校教育全般において家庭生活についての指導が必要であることを明示した。かつまた，家庭科の運営の方法としては，学校の事情によって，必ずしも家庭科としての固定した時間を特設しないでもよいというたてまえにした。同年文部省は，小学校の全学年にわたる家庭生活指導のあり方の手引き書として「小学校における家庭生活指導の手びき」を発行した。この手引き書の内容には家庭科の内容と重複する部分もある。このため，家庭科を特設しない学校も出現し，家庭科の教育は混乱した。

　昭和31年(1956)には昭和22年(1947)の「小学校学習指導要領家庭編」の改訂が行われた。その改訂の要点として，「家庭科という教科の目標をいっそう明確にし，小学校教育における家庭科の位置や性格をはっきりさせた」と述べている。家庭生活や家族関係の理解，家庭における休養や娯楽の意義の理解，衣食住に関する知識・技能・態度の習得等をあげ，家庭生活の合理化，家庭構成員としての責任を自覚させ，その実践的態度を育成しようとしている。

　昭和33年(1958)には全教科の学習指導要領の改訂が行われた。昭和31年(1956)に文部省は教育課程審議会に「近年の文化，科学，産業などの進展に即応し得るような国民を育成することを目的」とする教育課程の改善を諮問した。その結果，道徳教育の徹底，基礎学力の充実，科学技術教育の向上を図ることを主眼とした教育課程の改訂の方針が打ち出された。それにそって，家庭科では目標を4項目に分けて示した。この4項目の目標は，相互に密接な関連をもって家庭科の目標を構成している。すなわち，目標1では小学校家庭科で指導すべき中心的なねらいを示し，目標2及び3では，目標1のねらいを具体的，重点的に示している。さらに，指導にあたっては常にその根底において目標4を考慮しなければならないとした。このように，家庭生活の意義を理解させ，家族の一員として家庭生活のよりよい発展を目指した実践的態度の養成を考慮しながら，中心的な目標を，被服・食物・住まいなどに関する知識・技能

を習得させること，それを日常生活に役立つようにすることとした。民主的な家庭の建設を目指した人間関係や家庭経営に関する学習は後退し，ここにおいて，現在の小学校における家庭科教育の指導理念がほぼ確立した。さらに，この学習指導要領では，各学年に対してその指導の具体的な目標を各6項目示している。

　昭和43年（1968）に次の学習指導要領の改訂が行われた。この時期は，昭和30年代に引き続き日本の経済は高度成長を続けていた。生活の質の向上とともに，環境問題，公害問題が社会問題となった時代である。一方，科学技術の進歩が著しく，アメリカやソ連では人工衛星の打ち上げが行われた。昭和42年（1967）に教育課程審議会から，「小学校・中学校の教育課程の改善」の答申が出された。家庭科については，教科の問題を明確にすること，内容を基本事項に精選し，指導の重点を明確にすること，他の教科との関連を配慮すること，中学校の技術・家庭科との関連を考慮すること，という方針が出された。家庭科では，そのねらいが正しく把握されるように，基本的な目標を明確にするという方針で改訂が行われ，総括的目標と，その目標の実現を図るための具体的目標とが示された。従来の目標は4項目にわたって示され，目標の重点の明確さに欠けていたが総括的目標を示すことによって家庭科の性格を明らかにした。すなわち，家族の一員として家庭生活をよりよくしようとする実践的な態度を養うという究極の目標が明確に打ち出された。さらに，それの実現を図るための具体的な目標を4項目に分けて示した。具体的目標1は，総括目標の前半の部分を受けて，衣食住などの知識・技能の習得の範囲と程度を示している。2は，家庭生活を改善向上しようとする態度を養おうとするものであり，3は，家庭生活を明るく楽しくしようと創意くふうする能力や態度を養うことを強調したものである。4は，総括目標の後半の部分を受けて具体的に示したものである。以上4つの具体的な目標によって全体として総括目標の達成を図るようにしている。各学年の目標については，4項目に分けて示している。

　昭和52年（1977）に学習指導要領の改訂が行われた。これは昭和51年の教育課程審議会の答申を受けて行われたものである。この答申では，小学校教育全般

に対しては「直接手を使って製作する活動や体験的な活動を通して物をつくることや働くことの喜びを得させるようにする」と述べている。さらに，家庭科に対しては「小学校，中学校，及び高等学校を通じて，実践的・体験的な学習を行う教科としての性格が一層明確になるように留意して内容の精選を行い，その構成を改善する」，「その際，小学校においては，児童の衣食住などに関する実践的な学習を通してつくることや働くことの喜びを味わわせるとともに，家族の一員としての自覚や家庭生活に協力しようとする態度を養うことを重視する」との答申が出された。この改訂では，従来より実践的・体験的な活動を重視する方向で改善が進められ，目標においては，「衣食住などに関する実践的な活動を通して知識や技能を習得させる」という家庭科の性格を一層明確にした。各学年とも領域の内容に対応した学年目標が示されている。

　平成元年 (1989) に学習指導要領の改訂が行われた。これは，昭和62年 (1987) の教育課程審議会の答申をうけて行われたものである。これ以前の昭和59年 (1984) に，内閣総理大臣は臨時教育審議会に対して，わが国の教育の基本的方策について諮問した。同62年8月の最終答申の中に，家庭科の内容とその取扱いについて検討することを求める文言がある。一方，昭和60年 (1985) には「男女雇用機会均等法」が成立し，同年，日本は「女子差別撤廃条約」を批准した。この改訂では，家庭を取り巻く環境や社会の変化に対応し，男女が協力して家庭生活を築いていくことや，生活に必要な知識と技術を習得させることなどの観点から改善が図られた。小学校の目標の基本的な考え方は従来と同様である。学年の目標は，第5学年と第6学年をまとめて，2個学年を通して示された。

　平成8年 (1996)，中央教育審議会は，「21世紀を展望した我が国の教育の在り方について」答申を行った。答申では，「ゆとり」の中から自ら学び，自ら考える「生きる力」をはぐくむことの重要性が提言された。その観点から，学校週5日制の導入，「総合的な学習の時間」の設定，教育内容の厳選の必要性などがあげられた。この答申を受けて，平成10年 (1998) 7月，教育課程審議会は「幼稚園，小学校，中学校，高等学校，盲学校，聾学校及び養護学校の教育課程の基準の改善について」答申を行った。そして，従前どおり第5・6学年

をまとめて2個学年を通した目標として,「衣食住などに関する実践的・体験的な活動を通して,家庭生活への関心を高めるとともに日常生活に必要な基礎的な知識と技能を身に付け,家族の一員として生活を工夫しようとする実践的な態度を育てる」と示した。そして,実践的・体験的な活動を重視して,家庭生活への関心を高めること,日常生活に必要な基礎的な知識と技能を身に付けること,生活を創意工夫する実践的な態度を育てることを目指した。

2　目標設定の視点

目標には,家庭科教育で目指す本質的・一般的な目標と児童・生徒の心身の発達に応じた学校段階別目標,学年別目標,領域別目標,題材別目標及び日々の授業の目標などにみられるような具体的な目標とがある。目標を設定するための視点には,次のようなものが考えられる。

(1)　児童の心身の発達との関連

児童が主体的に学習に取り組み,その能力を発揮するためには,児童の心身の発達を考慮して目標を設定しなければならない。児童の身体の発育,精神の発達,社会性の発達を考慮し,さらに家庭科学習に対する知識・理解の側面,技能の側面,そして興味・関心の側面等多方面から児童の適時性(レディネス)について検討する必要がある。ただし,学習に対する最適の時期については,児童の学習受け入れ準備が最も成熟した時期に達していることとする考え方と,刺激の機会を与えて学習活動を促すことによって発達に先行して教育が作り出すものという考え方とがある。

(2)　社会・家庭生活との関連

経済社会では,戦後の耐乏生活から高度成長期を経過し,安定成長の時代を経て,さらに拡大してきたが,いわゆるバブル崩壊後は景気の減速が始まった。また,戦後の技術革新による経済発展は産業構造に変化をもたらし,さらに就

労の変化，農村部から都市部への人口の流入を招いた。このような生活を取り巻く環境の変化にともない，核家族化，女性の職場進出，出生率の減少，耐久消費財の普及，家事労働の軽減，性差別の撤廃，離婚の増加，単身赴任の増加，進学率の上昇，生活水準の向上，労働時間の短縮，高齢者人口の増加等がみられるようになり，家族構造の変化，ライフスタイルの変化や多様化，さらに価値観の多様化をもたらしている。家庭科教育は，家庭生活を中心とした人間の生活に関する学習である。社会及び家庭生活の変化は家庭科教育の目標や内容にもその影響を及ぼす。常に，児童を取り巻く生活の実態を把握することが必要である。そのうえで，その実態を考慮し，その実態に対応した目標の設定が必要となる。

(3) 児童の欲求

児童の学習に対するレディネスとも関連があるが児童の達成したいとする欲求を大切にすることも重要である。児童の欲求は目標のすべてではないが，児童の能力と教科の目的を考慮しながら，児童の欲求を取り上げて目標を設定することは，積極的，自発的な学習の取り組みを促すという効果もある。

(4) 他教科等との関連

学校教育における他教科，道徳及び特別活動の目標は，家庭科の目標設定に密接な関連を持つ。なかでも，生活科，社会科，理科，保健体育科，図画工作科，技術・家庭科等の目標との関連が深い。学習における相互の関連を考慮しながら，家庭科としての独自性を考慮して目標の設定をする必要がある。

(5) 家庭科教育の歴史的変遷

前述の学習指導要領の目標の変遷にみられるように，家庭科の誕生した昭和22年（1989）の目標から現代の目標にいたるまでの間，時代の流れとともに，その目標にも少しずつ変化がみられる。そこには社会情勢や家庭生活の変化に対応して改訂された目標の変遷をみることができる。その変遷の経緯を考慮しな

がら今後の家庭科の目標を設定することも必要となる。

(6) 諸外国の家庭科教育

　自然，文化，生活，社会等のことごとく異なる世界の国々の教育制度，教育課程は各国で独自の特色を持つものであり，家庭科においてもそれは例外ではない。また，近年外国の教育を受けた帰国子女の増加が目立っている。世界各国の家庭科教育について研究し，その研究を通して，わが国の家庭科を見直し，今後進むべき方向の参考にすることも考えられる。

3　目標の概要（平成20年告示　小学校学習指導要領　家庭）

(1) 改訂の趣旨

　平成17年（2005）2月に，文部科学大臣から，21世紀を生きる子どもたちの教育の充実を図るため，教員の資質・能力の向上や教育条件の整備などと併せて，国の教育課程の基準の見直しについて検討するよう，中央教育審議会に答申があり，同年4月から審議が開始された。この間，教育基本法や学校教育法が改正された。これらの法改正を踏まえて，平成20年（2008）1月「幼稚園，小学校，中学校，高等学校及び特別支援学校の学習指導要領等の改善について」答申を行った。改善のねらいとして，1．改正教育基本法等を踏まえた学習指導要領の改訂，2．「生きる力」という理念の共有，3．基礎的・基本的な知識・技能の習得など7項目があげられた。

　また，各教科等別の改善事項のうち，小学校家庭科では，「生活を工夫する楽しさやものをつくる喜び，家族の一員としての自覚をもった生活を実感するなど，実践的・体験的な学習活動，問題解決的な学習を通して，自分の成長を理解し家庭生活を大切にする心情をはぐくむとともに，生活を支える基礎的・基本的な能力と実践的な態度を育成することを重視すること」が強調された。

(2) 教科目標

> 衣食住などに関する実践的・体験的な活動を通して，日常生活に必要な基礎的・基本的な知識及び技能を身に付けるとともに，家庭生活を大切にする心情をはぐくみ，家族の一員として生活をよりよくしようとする実践的な態度を育てる。

　家庭科では，衣食住や家族の生活に関する実践的・体験的な活動を通して，日常生活に必要な基礎的な知識・技能と家族の一員としての生活を工夫しようとする実践的な態度を育成することを目標としてきた。その基本的な考え方は変わらないが，次の３点について改善を図った。

　１．これまでの「家庭生活への関心を高める」を，「家庭生活を大切にする心情をはぐくみ」とした。
　２．「生活を工夫しようとする実践的な態度」を，「生活をよりよくしようとする実践的な態度」とした。
　３．「基礎的な知識と技能」を「基礎的・基本的な知識及び技能」と表現を改めた。

　「衣食住などに関する実践的・体験的な活動を通して」とは，衣食住や家族などの家庭生活に関する製作や調理などの実習や，観察，調査，実験，見学などの実感を伴う学習を展開することを示している。このような活動をすることにより，実感を伴って確実に知識や技能を身につけさせることをねらいとした。

　「日常生活に必要な基礎的・基本的な知識及び技能を身に付ける」とは，実践的・体験的に学びながら，日常生活に必要な基礎的・基本的な知識や技能を，子どものよさを生かしながら主体的に獲得できるように身につけさせていくことを強調した。「基礎的・基本的な」に変わっているが，改正教育基本法や学校教育法の一部改正において，「生きる力」の共通理念として学力の要素として「基礎的・基本的な知識・技能の習得」があげられているからである。「基礎的・基本的な知識・技能」とは，中学校段階との系統性，一貫性を考慮した上で日常生活に必要な知識と技能，応用・発展できるような知識と技能，生活における工夫と創造につながる知識と技能としてとらえた。

　「家庭生活を大切にする心情をはぐくむ」とは，家庭生活を見つめ直し，衣

食住を中心とした生活の日々の営みを大切にする意欲や態度をはぐくむことであり，社会の変化に対応して改善された文言である。この言葉は観念的にとらえられがちであるが，衣食住などに関する生活の自立に必要な知識や技能を身につける学習を通して，「人」「もの」「時間」「金銭」などを活用した生活行為によって家庭生活があり，毎日繰り返される家族との生活の中で自分が成長していることに気付かせたい。そうした自覚の中から，衣食住を大切にする意欲や態度がはぐくまれ，生涯にわたって家庭生活を大切にしようとすることの基盤が培われることになるからである。

「家族の一員として生活をよりよくしようとする実践的な態度を育てる」とは，家族の一員として家庭生活を見つめ直すことによって，家庭生活の中から課題を見出し，身につけた知識や技能を活用して生活をよりよくしていこうとする態度を育てることである。児童は自分が家族に支えられているとともに，自分の存在があって家族が構成されているという相互関係に気付くことで，家族の一員としての自覚をもつことができる。また，家庭生活は，近隣の人々や環境との関わりの中にあり，その関わりを大切にすることによって，よりよい関係を築くことができ，心が通い合う生活を実現することが可能となることに気付かせたい。

(3) 学年目標

　従前どおり，学校や児童の実態に応じた指導ができるようにするため，学年の目標は2学年まとめた示し方になっている。2学年を通して学年の目標や教科の目標を実現できるようにしなければならない。

> (1) 衣食住や家族の生活などに関する実践的・体験的な活動を通して，自分の成長を自覚するとともに，家庭生活への関心を高め，その大切さに気付くようにする。
> (2) 日常生活に必要な基礎的・基本的な知識及び技能を身に付け，身近な生活に活用できるようにする。
> (3) 自分と家族などとのかかわりを考えて実践する喜びを味わい，家庭生活をよ

りよくしようとする実践的な態度を育てる。

(1)は家庭生活への関心や意欲，(2)は日常生活に必要な基礎的・基本的な知識及び技能，(3)はそれらの活用を通して生活をよりよくしようと工夫する能力と実践的な態度について，それぞれ実現すべき目標として示したものである。

(1)の目標は，教科の特質である実践的・体験的な活動を通して，自分の成長を自覚するとともに，衣食住を中心とした生活の営みの大切さに気付くよう，関心・意欲を高めることの重要性を明確にしている。

ここでは，自分の成長はその発達の過程で衣服や食物，住まいなどの生活や家族によって支えられてきたことを，実践的・体験的な活動を通して実感することにより，日々の生活の営みの大切さに気付くようにすることを目指している。

(2)の目標は，日常生活に必要な基礎的・基本的な知識及び技能を確実に身につけ，それらを生活に活用する能力を育成することを明確にしている。基礎的・基本的な知識及び技能は，生活における自立の基礎を培い，健康で自分らしい生活をするために必要であり，また，他の新たな知識や技能を獲得する基となるものである。日常生活に関連のある学習場面で，児童自身が主体的に知識や技能を生かし，自分の考えを働かせながら工夫する経験を繰り返す中で身についていくものである。

(3)の目標は，家族や近隣の人々などとの関わりの中で，家庭生活をよりよくしようと工夫する能力と実践的な態度を育成することを明確にしている。

家庭生活を見つめ直し，身近な生活の課題を見つけ，その解決を目指して考え工夫する活動とともに，物を作ったり学習したことを生活に生かしてみたりすることなどを通して，実践する喜びを味わうことが重要な視点の一つとなる。実践する喜びとは，物を作る楽しさを味わったり，学習したことによって自分にもできるようになったという達成感を味わったりすることであり，家族や周りの人に喜んでもらうことで一層強くなるものである。

(池﨑喜美惠)

〈参考文献〉
文部科学省（2008）『小学校学習指導要領解説　家庭編』東洋館出版
安彦忠彦監修（2008）『小学校学習指導要領の解説と展開　家庭編』教育出版

# 3章 家庭科の内容

1 内容の変遷

2章の目標の変遷で述べたように,小学校の家庭科に関する学習指導要領は,昭和22年(1947)から現在までに社会や家庭生活の変化に対応して,7回改訂され,内容構成の改善が図られてきた。表3-1-1は,小学校家庭科の内容の変遷を示したもので,内容の領域区分,指導項目及び指導事項の変遷の概要である。

昭和22年(1947)発行の「学習指導要領一般編」には,家庭科は「男女ともにこれを課することをたてまえとする。ただ,料理や裁縫のような,内容が女子にだけ必要だとみとめられる場合には,男子にはこれに代えて家庭工作を課すことに考えられている」とある。そのため,「学習指導要領家庭科編」の内容は,生活単元形式で示され,実習例の中には男女別のものがみられる。

昭和31年(1956)の改訂では,児童の生活経験にふさわしい内容として,家族関係,生活管理,被服,食物,住居の5分野に整理し,それぞれの分野について内容指導の要点を示した。特に,被服,食物,住居の3分野は,家族関係や生活管理の指導と関連づけることとし,全分野にわたって男女ともに同一教材を扱うことになった。ただ,学年別には示されなかった。

昭和33年(1958)の改訂では,特に科学技術教育の振興が強調され,家庭科でも生活技能を中心に内容を扱うことになり,被服,食物,すまい,家庭の4領域に整理統合した。家庭の領域は,従来の家族関係分野と生活管理分野を包含したものであり,児童の心身の発達に応じて内容を学年別に示した。

昭和43年(1968)の改訂では,内容を基礎的事項に精選し,指導の重点を明確

表3-1-1　内容の変遷

昭和22～30年度実施（昭和22年5月15日発行）	
第5学年	第6学年
単元1　主婦の仕事の重要さ	単元1　健康な日常生活　A家族の健康　B住居と衛生　C運動具・遊び道具の製作・修理（男）　D運動服の製作（女）　E簡単な洗たく　F食物のとり方
単元2　家庭の一員としての子供　A清潔　B家庭における食事　C針の使い方　D前掛の製作（女）　E掃除用具・台所用具の製作・修理（男）	単元2　家庭と休養　A適当な眠りと休息　B家具・建てつけの手入れ（男）　C寝まき又はじゅばんの製作（女）　D家庭の楽しいひと時
単元3　自分の事は自分で　A身なり　B下ばきの製作（ミシンの初歩）（女）　C身のまわりの片づけ方	単元3　簡単な食事の仕度　A蒸しいも　B青菜のひたし　Cいり卵　D台所用具とその扱い方
単元4　家庭における子供の仕事　A家庭に対する責任　B子守り　C家庭を暖かくするには　D清潔の責任	単元4　老人の世話
単元5　自分の事は自分で（続き）　A家庭用品の製作・修理（男）　Bシャツの製作（女）	
単元6　家事の手伝い　Aお使い　B来客	

昭和31～35年度実施（昭和31年2月24日発行）	
家族関係	家庭の生活　家庭の人々　家庭の交際
生活管理	合理的な生活　労力と休養　時間の尊重　物資の尊重と活用　金銭の使い方
被服	被服と生活　被服の着方　手入れと保存　洗たく　作り方
食物	食物と栄養　食事のしかたとあとかたづけ　食事のしかた
住居	すまいと生活　清掃　せいとんと美化　健康なすまい方

昭和36～45年度実施（昭和33年10月1日発行）	
第5学年	第6学年
A　被服	A　被服
1）身なりの整え方と簡単な被服の修理	1）目的に応じた被服の着方
2）衛生的な被服の着方と簡単な洗たく	2）被服の手入れ
3）簡単な被服の手入れとしまつのしかた	3）計画的な被服生活
4）台ふきや袋類の製作（手縫いの基礎，ミシンの直線縫い，簡単なししゅう）	4）カバー類または前かけの製作（かき染め，版染めなどの簡単な染色）
B　食物	B　食物
1）食事のぜんだてとあとかたづけ	1）栄養的な食物のとり方
2）食物の栄養	2）簡単な調理実習（ごはん，みそしる，目玉焼き，粉ふきいも，サンドイッチ）
3）簡単な調理実習（野菜の生食，ゆで卵，青菜の油いため）	3）日常の食事作法や会食のしかた
4）日常の食事作法	C　すまい
C　すまい	1）各場所のはたらきと健康なすまい方
1）清掃のしかたと簡単なそうじ用品の製作	2）調和のある楽しいすまい方
2）整理・整とんのしかたと整理袋または整理箱の製作	D　家庭
D　家庭	1）合理的な生活
1）家族の一員としての自分の役割	
2）応接・訪問のしかた	

3章　家庭科の内容

昭和46～54年度実施（昭和43年7月11日告示）		昭和55～平成3年度実施（昭和52年7月23日告示）	
第5学年	第6学年	第5学年	第6学年
A　被　服 1）身なりの整え方と被服の簡単な手入れや修理 2）衛生的な下着の着方と簡単な洗たく 3）簡単な袋類の製作（手縫いの基礎，ミシン直線縫い） B　食　物 1）日常の食物の栄養 2）簡単な調理実習（野菜の生食，ゆで卵，青菜の油いため） 3）日常の食事作法 C　すまい 1）清掃や整理・整とんのしかたと簡単なものの製作 D　家　庭 1）家族の一員としての自分の役割 2）応接や訪問のしかた	A　被　服 1）目的に応じた被服の着方と被服生活の計画 2）日常着の簡単な手入れ 3）簡単なカバー類の製作（簡単なししゅう） B　食　物 1）献立の作成 2）簡単な日常食や飲み物の調理実習（ごはん，みそしる，目玉焼き，粉ふきいも，サンドイッチ，飲み物） 3）日常の食事作法や会食のしかた C　すまい 1）各場所のはたらきと健康なすまい方 2）調和のある楽しいすまい方（かき染め，版染めなどの簡単な染色） D　家　庭 1）家庭生活の充実・向上	A　被　服 1）被服のはたらきと気温や季節に応じた着方，衛生的な下着の着方及び選び方 2）洗剤・用具の使い方と下着などの構な洗たく 3）日常着の整理・整とんの仕方とボタン付け 4）簡単な小物及び袋の製作（手縫い，ミシンの直線縫い） B　食　物 1）食品の栄養素とはたらき　食品を組み合わせてとる必要 2）簡単な調理（野菜の生食，ゆで卵，緑黄色野菜の油いため） 3）簡単な間食を整え，すすめ方と食べ方の工夫と団らん C　住居と家族 1）整理・整とんと清掃，ごみの処理　気持ちよい住まい方の工夫 2）家族の立場や役割　家族の仕事と協力 3）家庭の仕事に役立つ簡単な物の製作	A　被　服 1）目的に応じた着方と選び方，被服の整え方 2）布地や汚れに応じた洗い方，上着の洗たく 3）手入れの仕方とほころび直し 4）簡単なカバーやエプロンの製作（目的に応じた縫い方の工夫，簡単なししゅう） B　食　物 1）食品の栄養的な組み合わせを考えた1食分の献立作成 2）簡単な調理（米飯，みそ汁，卵料理，じゃがいも料理，サンドイッチ，飲み物） 3）会食の意義と計画 C　住居と家族 1）住居のはたらき，防寒・防暑の住まい方，換気・採光・照明の理解，健康な住まい方の工夫 2）家族の生活時間と時間の有効な使い方，家庭生活に協力 3）買い物の仕方や金銭収支の記録，計画的な生活 4）室内の美化や家族の生活に役立つ簡単な物の製作

43

平成4～平成13年度実施（平成元年3月15日告示）		平成14年～平成22年度実施（平成10年12月14日告示）
第5学年	第6学年	第5・6学年
A　被服	A　被服	(1)「家庭生活と家族」
1）被服の働きと目的に応じた日常着の着方	1）日常着の選び方，被服の整え方	(2)「衣服への関心」
2）日常着の整理・整とんとボタン付け	2）日常着の手入れの仕方，洗たく，ほころび直し	(3)「生活に役立つ物の製作」
3）簡単な小物及び袋の製作	3）簡単なエプロンやカバー類の製作	(4)「食事への関心」
B　食物	B　食物	(5)「簡単な調理」
1）栄養素の働き，栄養素を含む食品の種類，食品を組み合わせたとり方	1）栄養を考えた食物のとり方，1食分の献立作成	(6)「住まい方への関心」
2）野菜や卵の簡単な調理	2）簡単な調理	(7)「物や金銭の使い方と買物」
3）簡単な間食の整え方，食べ方やすすめ方の工夫と団らん	3）会食の意義と計画	(8)「家庭生活の工夫」
C　家族の生活と住居	C　家族の生活と住居	(注)　1）昭和22，31，33，43，52，平成元年，10の学習指導要領の内容を要約して作成．
1）家族の仕事や役割，家庭の仕事への協力	1）生活時間の使い方の工夫	2）昭和31年の内容の小項目及び「指導の要点」は略す．
2）身の回りの整理・整とん，清掃	2）買物の仕方や金銭の使い方	
3）身の回りの品物の活用の仕方，不用品やごみの適切な処理	3）住居の働き，快適で安全な住まい方	
	4）家族の生活に役立つ簡単な物の製作	

にするという趣旨にそって家庭科の内容は，前回と同様に被服，食物，すまい，家庭の4領域としたが，特に，被服とすまいの領域の内容項目の精選が図られた。

昭和52年（1977）の改訂では，内容について一層有機的，統合的な指導が行われやすいようにするとともに，家庭科が実践的，体験的な学習を行う教科であるという性格を一層明確にするという観点から，家庭の領域の内容は他の領域に統合することにした。そのため，被服，食物，住居と家族の3領域に整理統合し，内容項目を基礎的，基本的な事項に精選した。

平成元年（1989）の改訂では，社会や家庭を取りまく生活環境の変化に対応して，男女が協力して家庭生活を営んでいくために家庭生活に必要な知識や技能を習得させることを考慮して，家庭科の学習内容は，被服，食物，家族の生活と住居の3領域となった。昭和52年に告示された学習指導要領の3つの領域の考え方を踏襲するものであるが，家族の生活と関連させて，住居の内容を扱うことを一層明確にするために，領域名が改められた。

平成10年（1998）の改訂では，3領域で構成されていた家庭科の内容は領域分けが廃止され，(1)家庭生活と家族，(2)衣服への関心，(3)生活に役立つ物の製作，(4)食事への関心，(5)簡単な調理，(6)住まい方への関心，(7)物や金銭の使い方と買い物，(8)家庭生活の工夫　の8項目となった。内容は2個学年まとめて示されており，生活を総合的にとらえ，ねらいに合わせて柔軟に指導計画が立てやすいようになった。内容構成にあたって家族の生活と関連させながら衣食住の内容を扱うことを一層明確にするとともに，これらの内容をもとに家族の一員としての自覚や，生活的な自立，基礎的な知識・技能の生活への活用・工夫，さらに家族や近隣の人々と，共に生活していく基礎を培うことなどを目指した。

2　内容設定の視点

小学校家庭科の内容を設定する場合に留意することは，家庭科はすべての児童を対象として家庭生活に関する基礎的，基本的な知識と技能を習得させると

ともに，家庭生活の意義を認識させ，主体的に家庭生活の充実向上を図ろうとする実践的な態度を育成するという教科のねらいを十分念頭におくことである。それをふまえて，家庭科の目標を達成するためには，家庭や社会の要求及び児童の心身の発達に応じて，家庭科の内容の程度と範囲を明確にし，適時性，系統性を配慮した配列によって内容構成を図る必要がある。

次に，家庭科の内容設定の視点をあげると，次のようである。
① 家庭科の目標にそっていること。
② 児童の心身の発達と適時性を十分考慮すること。
③ 児童の創意工夫する能力や課題解決の能力及び実践的態度の育成を図ることができること。
④ 他教科，道徳，特別活動との内容の重複や欠落がないようにすること。
⑤ 小学校，中学校，高等学校の家庭科の内容間の関連が相互に図られていること。
⑥ 家庭及び社会の変化に対応して，生活の向上発展に寄与することができること。
⑦ 家庭科教育学，家政学など，関連諸科学の研究成果をふまえていること。

3 内容の概要（平成20年告示 小学校学習指導要領 家庭）

(1) 内容構成

平成20年（2008）告示の小学校学習指導要領では，8項目で構成されていた内容を改め，「A　家庭生活と家族」,「B　日常の食事と調理の基礎」,「C　快適な衣服と住まい」,「D　身近な消費生活と環境」の4つの内容で構成するようになった（表3-3-1）。内容は2個学年まとめて示されており，第4学年までの学習をふまえ，第5・6学年の学習の見通しをもたせるガイダンス的な内容を設けるとともに，中学校での学習に効果的に接続できるようにした。

また，児童の実態を考慮した題材が構成できるように，内容を大綱的に示し，弾力的な扱いができるようにするとともに，個に応じた指導が展開できるよう

表3−3−1　小学校学習指導要領　家庭　2　内容　（平成20年3月28日告示）

> A　家庭生活と家族
> (1) 自分の成長と家族について，次の事項を指導する。
> 　ア　自分の成長を自覚することを通して，家庭生活と家族の大切さに気付くこと。
> (2) 家庭生活と仕事について，次の事項を指導する。
> 　ア　家庭には自分や家族の生活を支える仕事があることが分かり，自分の分担する仕事ができること。
> 　イ　生活時間の有効な使い方を工夫し，家族に協力すること。
> (3) 家族や近隣の人々とのかかわりについて，次の事項を指導する。
> 　ア　家族との触れ合いや団らんを楽しくする工夫をすること。
> 　イ　近隣の人々とのかかわりを考え，自分の家庭生活を工夫すること。
> B　日常の食事と調理の基礎
> (1) 食事の役割について，次の事項を指導する。
> 　ア　食事の役割を知り，日常の食事の大切さに気付くこと。
> 　イ　楽しく食事をするための工夫をすること。
> (2) 栄養を考えた食事について，次の事項を指導する。
> 　ア　体に必要な栄養素の種類と働きについて知ること。
> 　イ　食品の栄養的な特徴を知り，食品を組み合わせてとる必要があることが分かること。
> 　ウ　1食分の献立を考えること。
> (3) 調理の基礎について，次の事項を指導する。
> 　ア　調理に関心をもち，必要な材料の分量や手順を考えて，調理計画を立てること。
> 　イ　材料の洗い方，切り方，味の付け方，盛り付け，配膳（ぜん）及び後片付けが適切にできること。
> 　ウ　ゆでたり，いためたりして調理ができること。
> 　エ　米飯及びみそ汁の調理ができること。
> 　オ　調理に必要な用具や食器の安全で衛生的な取扱い及びこんろの安全な取扱いができること。

C　快適な衣服と住まい
　(1)　衣服の着用と手入れについて，次の事項を指導する。
　　ア　衣服の働きが分かり，衣服に関心をもって日常着の快適な着方を工夫できること。
　　イ　日常着の手入れが必要であることが分かり，ボタン付けや洗濯ができること。
　(2)　快適な住まい方について，次の事項を指導する。
　　ア　住まい方に関心をもって，整理・整頓（せいとん）や清掃の仕方が分かり工夫できること。
　　イ　季節の変化に合わせた生活の大切さが分かり，快適な住まい方を工夫できること。
　(3)　生活に役立つ物の製作について，次の事項を指導する。
　　ア　布を用いて製作する物を考え，形などを工夫し，製作計画を立てること。
　　イ　手縫いや，ミシンを用いた直線縫いにより目的に応じた縫い方を考えて製作し，活用できること。
　　ウ　製作に必要な用具の安全な取扱いができること。
D　身近な消費生活と環境
　(1)　物や金銭の使い方と買物について，次の事項を指導する。
　　ア　物や金銭の大切さに気付き，計画的な使い方を考えること。
　　イ　身近な物の選び方，買い方を考え，適切に購入できること。
　(2)　環境に配慮した生活の工夫について，次の事項を指導する。
　　ア　自分の生活と身近な環境とのかかわりに気付き，物の使い方などを工夫できること。

にした。さらに，家族・家庭に関する教育の充実，食生活に関する内容の充実，主体的に生きる消費者をはぐくむ視点の重視，言語を豊かにし，知識及び技能を活用して生活の課題を解決する能力をはぐくむ視点の重視など，少子高齢化や食育の推進，持続可能な社会の構築など，社会の変化に対応する視点から内容が再構成された。

(2) 内容
　ア 「A　家庭生活と家族」
　　(1)自分の成長と家族，(2)家庭生活と仕事，(3)家族と近隣の人々との関わりの3項目で構成されている。
　　(1)では，児童の生活を振り返らせ，自己の成長はこれまでの家族との関わりや食生活や衣生活によって支えられてきたことを自覚することを通して，家庭生活と家族の大切さに気付き，衣食住などの生活の営みに関心を持つことをねらいとしている。例えば，小学校入学時から現在までの自己の生活を振り返って，自分でできるようになったことはどんなことがあるか，自分の回りではどのような衣食住生活が営まれていたかなどを見直し，これまで成長したことは家族の理解に支えられてきたことに気付かせる学習が考えられる。
　　(2)では，家庭の仕事や生活時間の使い方などに関する実践的・体験的な活動を通して，自分や家族が家庭でどのような生活をしているか関心を持ち，家庭生活をよりよくすることが大切であることに気付くようにする。例えば，家庭での家族の仕事を観察したり，分担しようとする仕事の内容や手順を調べ実践し，実践後の自分の仕事を振り返るなどの学習活動をするとよいだろう。また，自分や家族の生活時間を調べ，家族と自分の生活時間の関わりを見つけ，比較させるなどの学習を取り入れる。そして，家族の一員として生活時間を工夫し家庭の仕事を分担してできるようにするとともに，自ら考え実践することの楽しさを実感させ，主体的に家族に協力しようとする意欲や態度を育てることを目指したい。

(3)では，家族との触れ合いや団らん，近隣の人々との関わりなどの学習を通して，生活をよりよくするためには家族や近隣の人々との関わりが大切であることに気付かせる。例えば，家族の触れ合いや団らんは会話や遊びなどの直接的な方法のみでなく，家庭の状況によって様々な工夫ができることを，児童自身が考え，創意工夫をし，心豊かな家庭生活を送ることができるようにする。また，地域の生活のルールを調べたり，近隣の人々とコミュニケーションを図るために，何ができるかなど，C(2)「快適な住まい方」やD(2)「環境に配慮した生活の工夫」とも関連させ，自分の家庭生活をよりよくしようとする意欲や態度を育てるよう配慮する。

イ 「B 日常の食事と調理の基礎」

(1)「食事の役割」，(2)「栄養を考えた食事」，(3)「調理の基礎」の3項目で構成されている。

(1)では，食育を推進する視点から，例えば，給食の献立を例にして，おいしかったもの，なぜ食べるのだろうかなど話し合いながら，日常の食事への関心を高め，食事の役割や食事の大切さに気付かせる。さらに，お茶の入れ方や供し方などを体験させながら，食事のマナーについて取り上げ，楽しく食事をするための工夫について考えさせることをねらいとしている。

(2)では，栄養素とその働きや食品の栄養的特徴を知り，体に必要な栄養素について理解させる。ここでは、栄養素の名称や働きを覚えることに重点をおくのではなく，日常使用されている食品をグループ分けする学習活動を通して，バランスのよい食品摂取を心がけることに気付かせる。さらに3つの食品グループのそろった1食分の献立を考え工夫することができるようにする。今回の改訂で，中学校で扱っていた五大栄養素を小学校で扱うこととなった。

(3)では，ゆでたり，いためたりする調理や米飯及びみそ汁の調理を計画し実習することを通して，調理に関心を持ち調理の基礎的・基本的な知識及び技能を身につけるとともに，調理のよさや作る楽しさを実感し，日常生活で工夫し活用する能力を育てることをねらいとしている。特に調理の

基礎として，調理の目的に応じて必要な材料の洗い方，切り方，味のつけ方，盛りつけ方，配膳，後片づけが適切にできるようにする。また，調理用具や食品を安全と衛生に留意して取り扱うことができるようにする。小学校段階では調理に使用する食品として，生の魚や肉は扱わないことが実習指導上の留意点として明記されている。

ウ 「C 快適な衣服と住まい」

(1)衣服の着用と手入れ，(2)快適な住まい方，(3)生活に役立つ物の製作の3項目で構成されている。人間を取りまく快適な環境を作り出す要素として衣服と住まいを関連づけてとらえる視点から，効果的な学習が展開されることを意図した。

(1)では，日常着の着方と手入れに関する実習などを通して，衣服への関心を高め，衣服の働きを理解し，着方や手入れの基礎的・基本的な知識及び技能を身につけさせることをねらいとしている。着方では涼しい着方や暖かい着方を取り上げ，生活の場面に応じた快適な着方ができること，さらに，日常着の手入れでは，ボタン付けや洗濯ができるようにすることが求められている。

(2)では，整理・整頓や清掃，季節の変化にあわせた住まい方に関する学習を通して，住まい方への関心を高め，快適な住まい方ができるようにする。実際に学校内の汚れ調べの活動を通して，身の回りの物の整理整頓や清掃の必要性に気付き，快適に住まう条件でもあることを理解させる。また，日本の四季にあわせた寒さ，暑さへの対処の仕方や自然を生かした通風，換気，採光などを取り上げ，快適な住まい方を考え工夫する能力を育てることをねらいとしている。

(3)では，布を用いて生活に役立つ物を製作することを通して，製作に関する基礎的・基本的な知識及び技能を身につけるとともに，作る楽しさを実感し，日常生活で活用する能力を育てることをねらいとしている。ここでは，手縫いの基礎として，針に糸を通す，玉結び，玉どめ，並縫い，返し縫い，かがり縫いなどを取り上げる。また，ミシンの直線縫いができる

ようにする。さらに，裁縫用具を扱った児童が少ないこともあるので，安全な用具の扱いができるようにする。

エ 「D　身近な消費生活と環境」

(1)物や金銭の使い方と買物，(2)環境に配慮した生活の工夫の2項目で構成されている。

(1)では，主体的に生きる消費者としての基礎を培う視点から，物や金銭の使い方と買物などの学習を通して，家族の生活を支えている物や金銭の大切さへの関心を高める。児童にとって身近な学用品を取り上げ，粗末に扱っていないか，不用な物まで購入していないかなど，物の選び方や買い方に関する基礎的・基本的な知識及び技能を身につけさせるとともに，計画的な購入ができる能力や実践的な態度を育てることをねらいとしている。ここでは，調理実習や生活に役立つ物の製作学習で使用する用具や材料を購入する場を想定して，物の選び方，買い方などの実践的な学習を行うとよいであろう。

(2)では，物の活用などに関する学習を通して，自分の生活と身近な環境との関わりに関心を持ち，環境に配慮した生活を工夫することができるようにする。ここでは，不用なものを持ち寄り，物の使い方や購入の仕方を振り返ったりする学習を行うとよいであろう。また，近隣の人々と共に地域で快適に生活していくために，リサイクル活動など環境に配慮した地域の取組みにも関心を持たせるようにする。

(池﨑喜美惠)

〈参考文献〉
文部科学省（2008）『小学校学習指導要領解説　家庭編』東洋館出版

4章 家庭科の教材研究

1　家族・家庭生活

(1) 家族・家庭生活に関する教育

　児童にとって自分に関わる身近な存在の一つに家族がある。日頃は学習の対象として意識することはないが，現在及びこれまでの自分の成長に何らかの影響を与えているという点で，その存在は大きい。その意味で家族を見つめ，考える学習機会は大変重要である。家庭科が衣食住だけでなく，そこに存在する人やその人々によって営まれている具体的なことがらなどについて取り上げているのが，この「家族・家庭生活」の学習である。家庭科の教科目標に注目すると[1]，昭和22年(1947)に発行された学習指導要領（試案）には「家庭人」という表現が見られ，その後の「家庭を構成する一員」をへて昭和33年(1958)告示の学習指導要領からの「家族の一員」の表記は，今回の改訂でも変わっていない。家庭科の学習基盤として家族や家庭生活に関する内容が重視されているからである。

　特に今回の改訂では「家族・家庭に関する教育の充実」が確認され，家庭生活と家族の大切さに気付くことが重視されている。さらに「自分の成長と家族」が家庭科の学習全体のガイダンスとして新たに設置されたことで，これまで以上に自分にとっての家族や，家庭生活のことを考える学習を意識する必要が出てきた。ここの学びは答えが一つというものではなく，むしろどのように考えるか，問題点はないのか，解決策は何かなどが考えられる教材を検討する。

(2) 家族・家庭生活に関する内容研究と指導上の留意点
  ① 「自分の成長」

　児童の体格は，個人差はあるものの小学校6年間で表4－1－1のように発達する。また身体面の成長と同様に，精神面や学習面，基本的生活習慣に関する生活の自立の面でも，小学校高学年ではその成長ぶりを実感できるだろう。ここではそのような自分自身の成長を振り返りながら，生活の営みの中でできるようになったことや，わかるようになったことについても，自分の成長として気付

表4－1－1　児童の体格の推移

		6歳	7歳	8歳	9歳	10歳	11歳
身長 (cm)	男子	116.5	122.8	128.4	133.8	139.1	145.4
	女子	115.9	121.8	127.5	133.5	140.4	146.7
体重 (kg)	男子	21.2	24.2	27.4	30.6	34.7	38.8
	女子	21.0	23.4	26.3	29.9	34.2	38.9

（文部科学省　学校基本調査2006年度より）

かせるとよいだろう。また今はまだ思うようにできないことや，誰かにやってもらっていることを確認するということも大切である。自分を見つめ自己を肯定した上で，次の学習へと繋げていきたいところである。

  ② 「家族」

　家族とは一体何であろうか。平成19年版国民生活白書[2)]には図4－1－1

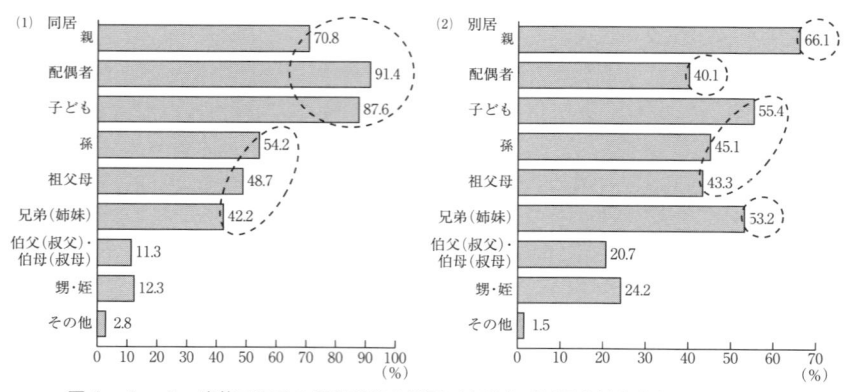

(1) 同居
- 親　70.8
- 配偶者　91.4
- 子ども　87.6
- 孫　54.2
- 祖父母　48.7
- 兄弟（姉妹）　42.2
- 伯父（叔父）・伯母（叔母）　11.3
- 甥・姪　12.3
- その他　2.8

(2) 別居
- 親　66.1
- 配偶者　40.1
- 子ども　55.4
- 孫　45.1
- 祖父母　43.3
- 兄弟（姉妹）　53.2
- 伯父（叔父）・伯母（叔母）　20.7
- 甥・姪　24.2
- その他　1.5

図4－1－1　家族であると思う親族の範囲（内閣府「国民生活白書」p.10より）

（備考）　1．内閣府「国民生活モニター調査」（2007年）により作成。
　　　　2．「以下に掲げた親族関係のうち，あなたが『家族』とイメージするものすべてに対して○をして下さい。」という問に対する回答の割合。
　　　　3．回答者は，全国の国民生活モニターの男女1,797人（無回答を除く）。

4章　家庭科の教材研究

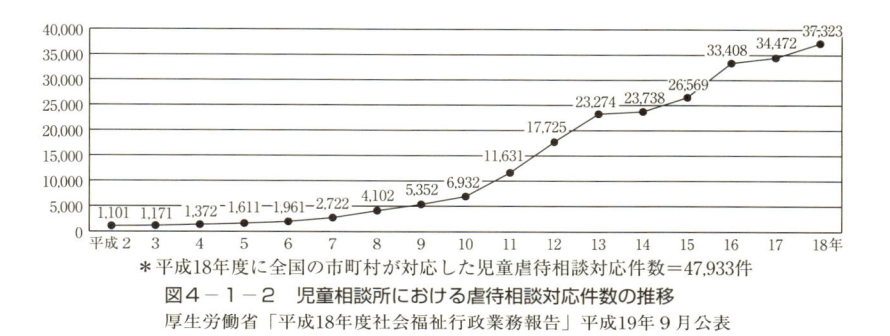

図4－1－2　児童相談所における虐待相談対応件数の推移
＊平成18年度に全国の市町村が対応した児童虐待相談対応件数＝47,933件
厚生労働省「平成18年度社会福祉行政業務報告」平成19年9月公表

のように，同居や別居別に家族の範囲を調査した結果が示され，家族の役割については，精神的な安らぎを求める人が多いことが示されている。

新社会学辞典[3]によると，家族とは「夫婦（親）・子の結合を原型とする，感情的包絡（emotional involvement）で結ばれた，第一次的な福祉志向集団」とされている。しかし牧野[4]はこの定義に対し「今，家族の中で発生する児童虐待やドメスティック・バイオレンスを考えるならば，『第一次的な福祉志向集団』という部分も，家族の定義として妥当であるか疑問が出されるであろう」と指摘している。確かに図4－1－2からもわかるように，虐待に関する相談対応件数は増加しており，親の病気や死亡，虐待などにより，生まれた家庭で育つことができない子ども（要保護児童）の存在は，家族が福祉志向集団とはいえない状況を示している。児童の中には，家族が様々な問題を抱えていて，必ずしも自分を支えてくれているものとして存在していないケースもある。

1994年は，国連が定めた「国際家族年（IYF）」であった。図4－1－3はそのシンボルマークである。ここでは家族を一つの定義で示そうとせず，むしろ世界における多様な形態と機能を持った家族の存在を前提として，家族を社会の基本的構成単位（basic unit）とみなし，家族集団内の個人の

図4－1－3　国際家族年のマーク
（注）家族が社会の中心にあり，屋根に守られている。右の開いた部分（社会）とのつながりと不確定性を表し，右屋根のかすれは，家族の複雑性を象徴している。

55

人権を尊重し家族内における女性と男性の養育・家事労働の平等な分担や雇用機会の平等をもたらすことを意図することを原則としていた[5]。

③ 「世帯」と「家族」

家族について考えるときに「住居と生計を共にする人々や個人」を指す「世帯」について取り上げることがある。様々な調査で活用されており，統計的に把握しやすい指標の一つであるが，そのデータからは家族の現実の一面を知ることができる。例えば表4－1－2は世帯構造別，世帯類型別にみた世帯数及び平均世帯人員の年次推移であるが，世帯総数は増加しているものの，平成4年からは平均世帯人員が3人を割っており，単独世帯や高齢者世帯が増えていることがわかる。このような状況からも，両親がいて子どもが複数いるという家族像を，一般的な姿とかファミリーモデルとして扱うことには困難が生じよう。

むしろ家族についての学習では，知識獲得や遠い存在の無縁な家族像を押しつけられるよりも，自分にとっての家族とは何か，これまではそしてこれからはと，今までを振り返ることや将来の展望とつなげて，ひとつの答えを導く学習よりも家族について様々な視点から考えることを重視した学習を進めていくことを検討すべきである。

表4－1－2　世帯構造別，世帯類型別，世帯数と平均世帯人員の年次推移

年次	総数	世帯構造							世帯類型				平均世帯人員
		単独世帯	夫婦のみの世帯	夫婦と未婚の子のみの世帯	ひとり親と未婚の子のみの世帯	三世代世帯	その他の世帯	高齢者世帯	母子世帯	父子世帯	その他の世帯	
		推　計　数　（単位：千世帯）						推　計　数　（単位：千世帯）				（人）
昭和61年	37,544	6,826	5,401	15,525	1,908	5,757	2,127	2,362	600	115	34,468	3.22
平成元年	39,417	7,866	6,322	15,478	1,985	5,599	2,166	3,057	554	100	35,707	3.10
4	41,210	8,974	7,071	15,247	1,998	5,390	2,529	3,688	480	86	36,957	2.99
7	40,770	9,213	7,488	14,398	2,112	5,082	2,478	4,390	483	84	35,812	2.91
10	44,496	10,627	8,781	14,951	2,364	5,125	2,648	5,614	502	78	38,302	2.81
13	45,664	11,017	9,403	14,872	2,618	4,844	2,909	6,654	587	80	38,343	2.75
16	46,323	10,817	10,161	15,125	2,774	4,512	2,934	7,874	627	90	37,732	2.72
17	47,043	11,580	10,295	14,609	2,968	4,575	3,016	8,349	691	79	37,924	2.68
18	47,531	12,043	10,198	14,826	3,002	4,326	3,137	8,462	788	89	38,192	2.65
		構　成　割　合　（単位：%）						構　成　割　合　（単位：%）				
昭和61年	100.0	18.2	14.4	41.4	5.1	15.3	5.7	6.3	1.6	0.3	91.8	・
平成元年	100.0	20.0	16.0	39.3	5.0	14.2	5.5	7.8	1.4	0.3	90.6	・
4	100.0	21.8	17.2	37.0	4.8	13.1	6.1	8.9	1.2	0.2	89.7	・
7	100.0	22.6	18.4	35.3	5.2	12.5	6.1	10.8	1.2	0.2	87.8	・
10	100.0	23.9	19.7	33.6	5.3	11.5	6.0	12.6	1.1	0.2	86.1	・
13	100.0	24.1	20.6	32.6	5.7	10.6	6.4	14.6	1.3	0.2	84.0	・
16	100.0	23.4	21.9	32.7	6.0	9.7	6.3	17.0	1.4	0.2	81.5	・
17	100.0	24.6	21.9	31.1	6.3	9.7	6.4	17.7	1.5	0.2	80.6	・
18	100.0	25.3	21.5	31.2	6.3	9.1	6.6	17.8	1.7	0.2	80.4	・

注：平成7年の数値は，兵庫県を除いたものである。

厚生労働省大臣官房統計情報部編「平成18年版国民生活基礎調査」より

④ 「生活時間」

　生活時間は，生命の維持継続のために，どのような機能がどれだけの時間営まれているのかを表したものといわれている。1日24時間は誰にも与えられた時間ではあるが，その使い方は人それぞれであり，そこには優先順位をつけた時間の使い方が反映されている。使い方次第で大きな価値を生み出すこともあるので，時間は誰もが持つ大切な資源の一つといえる。この資源をどのように使い管理するのかなどについて，小学生の段階で学ぶことは，これからの生活を主体的に営む意識を育成することにもつながるといえよう。

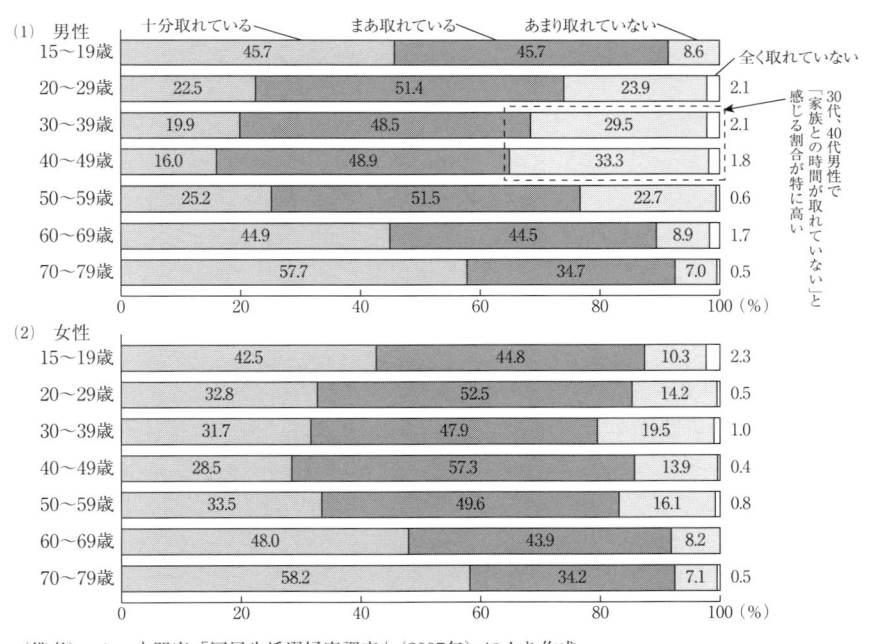

(1) 男性　　十分取れている　　まあ取れている　　あまり取れていない　　全く取れていない

年齢	十分取れている	まあ取れている	あまり取れていない	全く取れていない
15～19歳	45.7	45.7	8.6	—
20～29歳	22.5	51.4	23.9	2.1
30～39歳	19.9	48.5	29.5	2.1
40～49歳	16.0	48.9	33.3	1.8
50～59歳	25.2	51.5	22.7	0.6
60～69歳	44.9	44.5	8.9	1.7
70～79歳	57.7	34.7	7.0	0.5

※30代，40代男性で「家族との時間が取れていない」と感じる割合が特に高い

(2) 女性

年齢	十分取れている	まあ取れている	あまり取れていない	全く取れていない
15～19歳	42.5	44.8	10.3	2.3
20～29歳	32.8	52.5	14.2	0.5
30～39歳	31.7	47.9	19.5	1.0
40～49歳	28.5	57.3	13.9	0.4
50～59歳	33.5	49.6	16.1	0.8
60～69歳	48.0	43.9	8.2	—
70～79歳	58.2	34.2	7.1	0.5

（備考）1．内閣府「国民生活選好度調査」（2007年）により作成。
　　　　2．「あなたは，同居している家族と過ごす時間は十分取れていると思いますか。複数の家族と同居されている場合は，およその平均でお答えください。（○は1つ）」という問に対する回答の割合。
　　　　3．回答者は，全国の15歳以上80歳未満の男女3,172人（無回答を除く）。

図4-1-4　同居している家族と過ごす時間は十分取れているか（男女年齢層別）
（平成19年版　内閣府「国民生活白書」）

生活時間の使い方は生活スタイルを示すといってもよく，家庭での過ごし方や家族間の関わり方なども見えてくる。図4－1－4は同居している家族と過ごす時間について調査したものだが，20～40代の男性が，家族との時間が十分ではないと強く感じていることがわかった。特に30～40代男性で「家族との時間が取れていない」と感じる割合が高くなっているが，この年代はちょうど小学生の親世代も含まれる年代である。グラフからは，男性の方が女性よりも家族と関わる時間が少ないことがわかる。小学生にとって父親と関わる時間は母親よりも少なく，しかも父親の年代が高くなるにつれその傾向が強いことがわかる。

⑤　「家庭での仕事」

　生きていくための営みには，収入を得るための仕事と，衣食住や心身の安らぎを得るための仕事など様々ある。後者は主に家庭を中心に行われるアンペイドワーク（無償労働）であることが多いが，労働力の再生産という大切な役割を担っているにもかかわらず軽視されがちである。表4－1－3は家の手伝いを「ほとんどしない」小学生の割合の推移を示しているが，家での仕事体験が減少している現代だからこそ，毎日の生活を支えている家庭での仕事の重要さに気付かせることが大切である。また自分にもできる家庭の仕事を探るならば，家庭生活や家族を支える一員としての自覚や役割意識も形成されるだろう。

　ここの学習は生活時間との関連からとらえていくこともできる。例えば，総務省の「社会生活基本調査」（平成18年）による妻の就業状況別夫婦の1日の生活時間結果から，共働き世帯での夫の家事・育児・介護などにかける時間は総平均で30分，妻は4時間15

表4－1－3　家の手伝いを「ほとんどしない」者の割合の推移

（単位：％）

全体／学年	1986年	1996年	2006年
全体	8.3	15.0	18.9
1年	8.8	13.0	16.9
2年	10.2	19.0	15.7
3年	9.5	15.0	21.4
4年	7.3	9.0	15.0
5年	9.2	13.0	20.4
6年	4.8	21.0	24.4

『小学生まるごとデータ　2008年』（学習研究社）より

分であった。また夫が有業で妻が無業の世帯では、夫は39分、妻は6時間21分であった。この結果から男性は未婚既婚に関係なくほぼ同じような生活スタイルを送っているが、女性は結婚すると外での仕事に加え、家庭での仕事役割が男性よりも多くなり、その分自分の自由時間が少なくなっていることがわかった。これは実態の一部ではあるが、学習として取り上げるときに、家族の特定の人がその役割を過剰に負担していることに気付くような、あるいはこれでいいのだろうかと考えられるような学びが必要ではないだろうか。ましてやそこに性別役割分業意識が存在するならば、ここでの学習がその再生産を招くことは避けねばならない。男性であれ女性であれ、仕事も家庭のことも共に関わり合い助け合って取り組んでいくことを、小学校段階からていねいに指導していくことが大切である。「生活時間」と「家庭での仕事」を組み合わせた教材から、小学生にも自分にできる家での仕事分担や自分の役割を自覚させたい。

⑥ 「人との関わり」

　現代は人との直接的な関わりが希薄化し、人間関係の構築がむずかしい時代といわれているが、家庭科は人との関わりについても学ぶことができる教科である。特に「家庭生活・家族」の領域では、家庭での家族との団らんや近隣の人々との関わりを取り上げている。しかし家族内の交流は前述（「生活時間」）のように全員揃っての時間が減少しているため、家族の

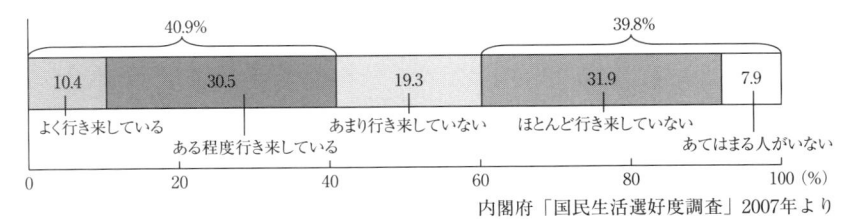

```
         40.9%                           39.8%
  10.4 │  30.5   │ 19.3 │   31.9    │ 7.9
  よく行き来している  あまり行き来していない  ほとんど行き来していない  あてはまる人がいない
        ある程度行き来している
  0       20       40      60       80      100 (%)
```
内閣府「国民生活選好度調査」2007年より

（備考）　1．内閣府「国民生活選好度調査」（2007年）により作成。
　　　　 2．「あなたは現在、次にあげる人たちとどのくらい行き来していますか。（ア）から（キ）までのひとつひとつについてあてはまるものをお答えください。（○はそれぞれ1つずつ）」という問に対し（ア）隣近所の人について回答した人の割合。
　　　　 3．回答者は、全国の15歳以上80歳未満の男女3,365人（無回答を除く）。

図4－1－5　近隣住民との行き来の程度

団らんをどのように扱うのかがむずかしいといえる。あくまでも児童自身が実際の家庭生活で実践できることを前提に，交流のあり方を模索する必要がある。一方，近隣の人々との関わりについての学習も大切である。図4－1－5は近隣関係によるつながりの現状を近隣住民との行き来の程度から見たものだが，近隣住民との行き来が多い人とほとんどない人は同程度となっていた。小学生の場合は私立の学校など遠方に通学する場合を除き，基本的には地域の最寄りの学校に通っているため，地域とのつながりは無視できない。

　一方図4－1－6は地域の教育力に関する実態調査の結果である。小・中学生を持つ親は「社会のルールを守ることを教える」をはじめ，マナーや精神面など子どもたちを育成する役割として，地域の持つ教育力への期待が高くなっている。地域には家族との関わりだけでは得られない，例えば高齢者や乳幼児などの異年齢の人々との関わりや，異文化社会の人々と

項目	積極的に関わるべき	ある程度関わるべき	あまり関わるべきではない	まったく関わるべきではない	不明
社会のルールを守ることを教える	61.5	35.7	1.0	0.2	1.7
自然環境を大切にする気持ちを育てる	49.9	46.4	1.4	0.1	2.3
人を思いやる気持ちを育てる	49.3	46.1	2.5	0.3	1.9
ものを大切にする気持ちを育てる	48.0	47.1	2.6	0.3	2.0
歴史文化を重んじる気持ちを育てる	36.6	56.7	4.1	0.3	2.3
正しい言葉使いを教える	39.9	51.5	6.0	0.4	2.2
異文化等を尊重する気持ちを育てる	30.5	57.0	9.6	0.7	2.2
我慢する気持ちを育てる	29.3	52.3	14.6	1.1	2.6
生活習慣を身に付けさせる	29.4	49.4	17.0	1.7	2.5

文部科学省「地域の教育力に関する実態調査」報告（案）平成18年2月

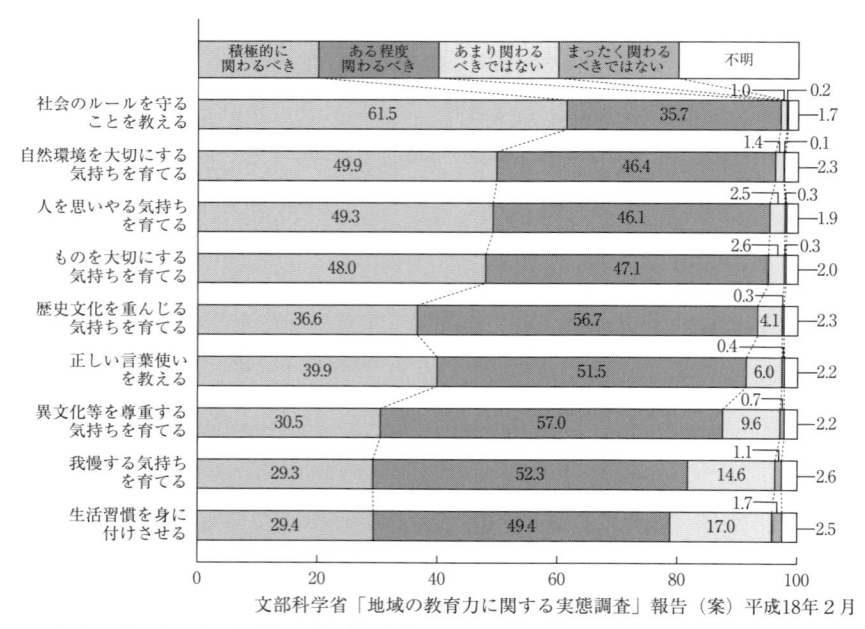

図4－1－6　子ども（小・中学生）を育てる上で地域が果たすべき役割（N＝2,888）

の交流もある。学校以外の子どもたちの生活圏が，大切な環境として存在しているといえよう。家庭や学校の教育力だけでは補えない部分を，地域とつながることによって学ぶこともできる。ここでは特に他者と共生していくための生活の工夫について取り組むとよいだろう。こうした学びが今後の中学校や高校で深められていく市民意識を育てる学習への足がかりになる。

(3) 教材研究及び指導における留意点

　家族や家庭生活に関する学習では，学びを実生活と結びつけて取り組む際に，児童の家族構成や家庭の事情など，非常に個人的なことに関わってしまう。そのためプライバシーへの配慮が求められる。家族のことを教材として取り上げ，自分の家族について考える授業を行う際には，事前に「家庭科通信」などで保護者に周知し理解と協力を得ることが必要になる。また児童が育ってきた家庭の価値観やそこでの習慣が反映され，家族への意識や家庭での仕事役割について，固定観念を抱いているケースもある。それぞれの考えや状況を尊重しつつ，一方でそこに潜む問題点や課題などが見られる場合には，解決への工夫が試みられるような，家庭とも連携した学習を推進することも大切である。

　特に性別役割分業意識，あるいは社会的・文化的に作られる性差（ジェンダー）による，役割の固定を助長するような学習にならないように気をつける必要がある。児童たちは，あくまでも男性女性に関係なく，互いに協力し合い共に関わり合いながら，家庭生活を営むことの大切さを学んでいる。なお，教師による一方的な「あるべき家庭像」の押し付け[6]や，児童が現在抱えている家族や家庭生活を否定するようなことがないように，十分気をつけることも忘れてはならない留意点である。

（増茂智子）

〈引用及び参考文献〉
1）武井洋子・田部井恵美子編　(2000)『新訂小学校家庭科授業研究』p.29－30　教育出版
2）内閣府　(2007)『平成19年版国民生活白書』
3）森岡清美他　(1993)『新社会学辞典』有斐閣

4) 牧野カツコ （2006）『青少年期の家族と教育』p. 7 – 8　家政教育社
5) 前掲1）（p.82)
6) 鶴田敦子・朴木佳緒留編 （1996）『現代家族学習論』p158-167　朝倉書店

2　食生活

(1)　食生活に関する教育

　平成20年（2008）3月に告示された小学校学習指導要領には，食生活領域の指導内容として，(1)「食事の役割」，(2)「栄養を考えた食事」，(3)「調理の基礎」の3項目があげられている。ただし，これらの項目は相互に関連があるため，題材構成に当たっては，これらを融合させた形態をとることが多い。そこで，食生活に関する学習指導や教材研究において必要とされる基礎知識や指導上の留意点などを，以下にまとめる。

(2)　食生活に関する内容研究と指導上の留意点

①　食事の意義

　　人体は，本人の意思に関わりなく血糖値を一定に保つようにできているため，1日に3回程度食事から規則的にエネルギーを摂取しなければならない。特に，夕食から朝食までの間は睡眠によって一時的な飢餓状態となるため，朝目覚めたときの血糖値はかなり低下している。脳を活性化し，体温を上昇させて身体の活動性を高めるために朝食の摂取は不可欠であり，3回の食事の中でも朝食の役割は大きい。

②　栄養と栄養素

　　われわれ生物は，生命維持，成長・発達，生殖，生活活動などの諸現象を営むために必要な成分を外界（食物）から摂取し，活用している。これを栄養といい，摂取する成分を栄養素と呼ぶ。
　　栄養素は，生体内におけるはたらきの違いにより，炭水化物，脂質，たんぱく質，無機質，ビタミンの5大栄養素に分類される。栄養素のはたらきは，「エネルギーの供給」，「身体組織の構成」，「身体の生理的機能の調

節」に大別される（図4-2-1）。おもに，炭水化物と脂質はエネルギー源として，たんぱく質と無機質は身体組織の構成成分として利用される。無機質とビタミンは，生理的機能の調節に役立っている。ただし，たんぱく質もエネルギー源となることがあり，脂質も身体組織を構成している。また，栄養素ではないが，水も栄養素の運搬や老廃物の排出，体温調節などの生命維持活動に不可欠な成分であり，人体の50〜70％を占めている。

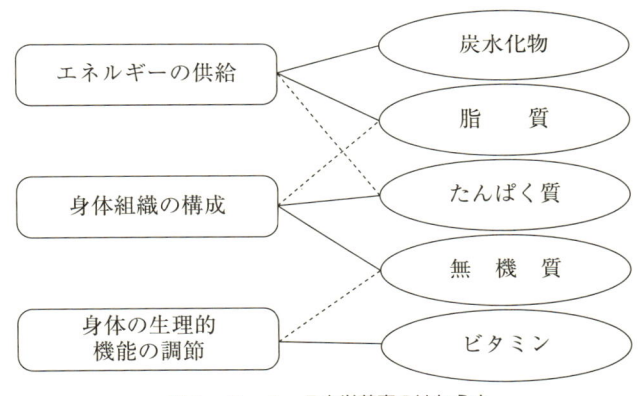

図4-2-1　5大栄養素のはたらき

ア　炭水化物のはたらきと多く含む食品

ⅰ) はたらき

　炭水化物は炭素，水素，酸素からなる化合物で，構造上から単糖，オリゴ糖（または少糖），多糖に分類される。炭水化物には，消化・吸収されて1g当たり約4kcalのエネルギーを発生する糖質と，ほとんど消化・吸収されない食物繊維とがある。

　糖質には，米や小麦などの穀類，いも類に多く含まれるでんぷん（多糖），砂糖の成分であるしょ糖（オリゴ糖の二糖類），果実に含まれるぶどう糖（単糖）などがある。摂取された糖質は，アミラーゼなどの糖質分解酵素によって単糖まで分解され，小腸から体内に吸収されてエネルギー源となる。過剰となった糖質（ぶどう糖）は，肝臓でグリコーゲンや脂質に変えられて貯蔵され，必要に応じて利用される。

食物繊維には，野菜に含まれるセルロース，果実に含まれるペクチン，こんにゃくに含まれるグルコマンナン，海藻に含まれるアルギン酸などがある。摂取しても分解されずに腸まで到達し，ぜん動運動を促進して便秘を予防したり，コレステロールや有害物質などを吸着して体外に排出したりする。

ⅱ）多く含む食品

○米：もみ殻を取り除いた玄米を精米してぬかと胚芽を除去し，精白米として食べることが多い。でんぷんを約70％含む。でんぷんには，ぶどう糖が直鎖状に結合した粘りの少ないアミロースと，枝分かれ状に結合した粘りの強いアミロペクチンとがある。うるち米のでんぷんは，アミロースとアミロペクチンの比率が約2：8であるのに対し，もち米のでんぷんはアミロペクチンのみで構成される。

　生のでんぷんを水とともに加熱すると，糊化（α化）して消化性が高まり，味もよくなる。糊化でんぷんを放置すると，老化（β化）して生でんぷんに近い状態に変化し，食味が低下する。老化でんぷんを再び加熱すると，糊化でんぷんに近い状態に戻る。せんべいやアルファー化米は，糊化でんぷんの水分を15％以下まで脱水し，老化現象を起こさないようにした食品である。

○小麦：製粉して小麦粉として利用する。たんぱく質含有量によって強力粉（約12％），中力粉（約10％），薄力粉（約8％）に分類され，強力粉はパンやパスタなどに，中力粉はうどんや中華麺などに，薄力粉はケーキや天ぷらの衣などに使用される。小麦粉に水を加えてこねると，たんぱく質のグリアジンとグルテニンが結合して，粘りと弾力性のあるグルテンが形成される。グルテンは，パンを膨化させたり，麺類に歯ごたえを与えたりする。

○いも類：植物の根や茎が養分を蓄えて肥大化したもので，でんぷんのほかに，食物繊維やビタミンCなどを含む。いも類のビタミンCは，貯蔵や熱による損失が野菜よりも少ない。

○砂糖：さとうきび（甘蔗(かんしょ)）やさとうだいこん（甜菜(てんさい)）を原料とし，主成分はしょ糖である。甘味料として利用されるほかに，防腐剤，酸化防止剤，でんぷんの老化防止剤などとしても利用される。

イ　脂質のはたらきと多く含む食品

ⅰ）はたらき

　脂質には中性脂肪，りん脂質，コレステロールなどがある。食品に多く含まれる中性脂肪は，グリセリンに脂肪酸が3個結合したもので，リパーゼなどの脂質分解酵素で分解され，小腸から体内に吸収されて，1g当たり約9kcalのエネルギーを発生する。

　脂肪酸には，飽和脂肪酸と不飽和脂肪酸（一価および多価不飽和脂肪酸）があり（表4－2－1），多価不飽和脂肪酸のリノール酸やα－リノレン酸などは体内で合成できないため，必須脂肪酸と呼ばれる。動物，魚介，植物に含まれる脂肪酸はそれぞれ機能が異なるため，適度に組み合わせて摂取する必要がある。

　りん脂質は，細胞膜などを構成する重要な成分であり，コレステロールはビタミンD，ホルモン，胆汁酸などの合成に不可欠である。ただし，コレステロールのとりすぎは，動脈硬化などの疾病を起こしやすくなるので注意を要する。

表4－2－1　脂肪酸の種類

分　　類			名　　称	多く含む食品
飽和脂肪酸			パルミチン酸	食肉・バター
			ステアリン酸	ラード・ヘット
不飽和脂肪酸	一価不飽和脂肪酸		オレイン酸	オリーブ油・なたね油
	多価不飽和脂肪酸	リノール酸系	リノール酸	サフラワー油
			アラキドン酸	綿実油・だいず油・とうもろこし油
		α－リノレン酸系	α－リノレン酸	なたね油・しそ油・えごま油
			イコサペンタエン酸	魚類・魚油
			ドコサヘキサエン酸	魚類・魚油

ⅱ）多く含む食品

　　油脂類には，動物由来（バター，ラード，ヘットなど）と植物由来（だいず油，なたね油，ごま油，やし油，カカオ脂など）があり，常温で液体のものを油，固体のものを脂と呼ぶ。油脂を多量に使用した食品は，長期間保存すると光，温度，酸素などの影響を受けて酸敗を起こし，食味が低下したり，食用に適さなくなったりする。

ウ　たんぱく質のはたらきと多く含む食品

ⅰ）はたらき

　　たんぱく質は，約20種類のアミノ酸が多数結合したもので，アミノ酸のみからなる単純たんぱく質（アルブミン，グロブリン，グルテリン，プロラミンなど）と，糖質や脂質など他の成分が結合した複合たんぱく質（糖たんぱく質，リポたんぱく質，核たんぱく質，りんたんぱく質など）とに分類される。

　　たんぱく質は，ペプシン，トリプシン，キモトリプシンなどのたんぱく質分解酵素で分解され，アミノ酸として小腸から体内に吸収されて，筋肉，血液，皮膚など身体組織に利用されるほか，酵素や抗体などの合成にも使われる。また，エネルギーの供給源でもあり，1g当たり約4kcalを発生する。

　　アミノ酸の中には，体内で合成できないために食品から摂取しなければならない9種類があり，必須アミノ酸と呼ばれる（イソロイシン，ロイシン，リジン，メチオニン，フェニルアラニン，スレオニン，トリプトファン，バリン，ヒスチジン）。食品に含まれるたんぱく質の栄養的価値は，必須アミノ酸の含有量を基準としたアミノ酸価として表される。

　　アミノ酸価は，人間が必要とする理想的な必須アミノ酸（アミノ酸評点パターン）を100とした場合，最も不足しているアミノ酸（第一制限アミノ酸）の充足率として表される。食肉，魚介，卵などの動物性たんぱく質は，米や小麦などの植物性たんぱく質よりも，アミノ酸価の高いものが多い。リジンが不足している米飯に，リジンが豊富な肉料理や卵

料理を組み合わせることで，たんぱく質の栄養的価値を高めることができる。これをたんぱく質の補足効果という。

ⅱ) 多く含む食品

○魚介類：20％前後のたんぱく質を含み，アミノ酸価も高い。また，脂質には不飽和脂肪酸が多く，栄養的価値が高い。魚介類の多くは季節によって脂質やグリコーゲンの量が増し，おいしくなる時期がある。これを旬と呼んでいる。魚介類は鮮度が低下しやすいので，様々な加工食品に加工される。中でも，かつお節や煮干しにはうまみ成分のイノシン酸が多く含まれ，だしの材料として使われる。

○食肉類：食用にできる動物の筋肉や臓器を食肉という。アミノ酸価の高いたんぱく質のほかに，脂質，鉄，ビタミンB群，ナイアシンなどを含む。脂質は飽和脂肪酸が多く，取りすぎは肥満など生活習慣病の原因となる。と殺後一定時間が経過すると，筋肉が自己消化してやわらかくなり，風味が増す。これを食肉の熟成という。

○卵：たんぱく質はアミノ酸価が高く，ビタミンCを除く各種ビタミンや無機質に富むため，栄養的価値が高い。脂質のほとんどは卵黄に存在し，中性脂肪のほかにりん脂質やコレステロールを含む。卵には，調理・加工特性として熱凝固性（ゆで卵，茶わん蒸しなど），起泡性（メレンゲ，スポンジケーキなど），乳化性（マヨネーズソース）があり，利用範囲が広い。

○豆・豆製品：豆はたんぱく質が多いもの（だいず，らっかせいなど）と，炭水化物が多いもの（あずき，いんげん豆など）とに分類される。中でも，だいずはたんぱく質を約35％含み，アミノ酸組成も食肉や魚介類に近い。また，だいずからは豆腐，みそ，しょうゆ，納豆，きなこなど多くの加工食品が作られ，古来より日本人の重要なたんぱく質の供給源となっている。

エ　無機質のはたらきと多く含む食品
ⅰ）はたらき

　　身体組織の構成や，生理的機能の調節に利用される（表4-2-2）。体内で合成できないために食品から摂取するが，過剰摂取も問題となる。現代の日本人に不足しやすいものはカルシウムと鉄であり，過剰摂取しやすいものはりんとナトリウムである。

ⅱ）多く含む食品

○牛乳：カルシウムが豊富で，りんとのバランスがよい（1：1）ため吸収されやすく，カルシウムの供給源として重要である。たんぱく質のアミノ酸価も高く，鉄とビタミンC以外の栄養素を含むため，栄養的価値も高い。牛乳として飲用するだけではなく，バター，チーズ，ヨーグルト，アイスクリームなどのように，多くの加工食品も作られる。

○海藻類：よう素，カルシウム，ナトリウム，カリウム，マグネシウムなどが豊富である。炭水化物としてアルギン酸を含むが，食物繊維のためエネルギー源にはならない。こんぶにはうまみ成分のグルタミン

表4-2-2　無機質の種類とはたらき

名　称	はたらき	多く含む食品
ナトリウム(Na)	細胞の浸透圧の調節・pHの調節	食塩・しょうゆ・みそ
カリウム(K)	神経や筋肉の興奮維持・細胞の浸透圧の調節	野菜・果実・海藻
カルシウム(Ca)	骨と歯の成分・筋肉の収縮作用	牛乳・乳製品・小魚・野菜
	血液の凝固作用・酵素の作用を補助	
マグネシウム(Mg)	骨と歯の成分・筋肉の収縮作用	種実・海藻・だいず・魚介
	エネルギー代謝に関与	
りん(P)	骨や歯の形成・pHの調節	卵黄・食肉・だいず
鉄(Fe)	血液の成分	食肉(肝臓)・魚介・野菜
亜鉛(Zn)	たんぱく質の合成・酵素の構成成分	魚介・食肉・種実
ヨウ素(I)	甲状腺ホルモンの成分	海藻
銅(Cu)	鉄の代謝に関与	レバー・魚介

酸が含まれ，だしの材料として使われる。てんぐさやおごのりは寒天の原料となる。

オ　ビタミンのはたらきと多く含む食品

ⅰ）はたらき

　　身体の正常な成長・発達，生理的機能の調節のほかに，他の栄養素のはたらきを促進する作用がある（表4－2－3）。多くは体内で合成できないため，食品から摂取する。脂溶性ビタミンと水溶性ビタミンとに分類される。植物色素のカロテンは，体内でビタミンAとして作用するため，プロビタミンAと呼ばれる。水溶性ビタミンは体内に貯蔵できないため，日々必要量を摂取する。一方，脂溶性ビタミンは体内に貯蔵されるため，過剰摂取に注意する。

ⅱ）多く含む食品

○野菜類：ビタミンCやカロテンの供給源であり，カリウムやカルシウムなどの無機質，食物繊維なども豊富である。緑黄色野菜とは，可食部100g当たり600μg以上のカロテンを含む野菜の総称である。ただし，それ以下であっても1回の摂取量が多いトマト，ピーマン，さやいんげんなどは，緑黄色野菜としている。

○果実類：ビタミンCに富み，カロテンを含むものもある。糖質，無機質，食物繊維も多い。ペクチンの多い果実は，ジャムやマーマレードなどの加工に利用される。

○きのこ類：紫外線の照射によってビタミンDに変わるプロビタミンDのエルゴステロール，ビタミンB_2，ナイアシン，食物繊維などを含む。干ししいたけには，うまみ成分のグアニル酸が多く含まれ，だしの材料として使われる。

表4−2−3 ビタミンの種類とはたらき

分　類	名　称	はたらき	不足による身体の不調や欠乏症	多く含む食品
脂溶性ビタミン	ビタミンA	発育促進	発育障害	レバー・バター・卵黄・緑黄色野菜
		皮膚や粘膜の保護	皮膚乾燥・角膜乾燥症	
		視力の調節	夜盲症(暗順応不良)	
	ビタミンD	カリウムやりんの吸収を調節	骨軟化症(成人)・くる病(乳幼児)	魚類・卵黄・きのこ
	ビタミンE	体内の脂質の酸化防止・老化防止	溶血性貧血	植物性油脂・種実
	ビタミンK	血液凝固	血液の凝固不良・新生児メレナ	緑黄色野菜・納豆
水溶性ビタミン	ビタミンB₁	糖質の代謝に関係	疲労感・食欲不振	豚肉・豆・卵黄
		神経系統の調節	脚気	
	ビタミンB₂	発育促進	発育障害	レバー・牛乳
		皮膚，粘膜の保護	口角炎・口内炎・脂漏性皮膚炎	
	ナイアシン	糖質，脂質，たんぱく質の代謝に関係	食欲不振・皮膚炎・ペラグラ	レバー・牛乳・魚類
	ビタミンC	コラーゲンの合成	食欲不振・歯ぐきからの出血・壊血病	野菜・果実
	葉　酸	酵素の補酵素	大赤血球貧血	野菜

カ　その他の食品

ⅰ）調味料

　　塩味には食塩，しょうゆ，みそなどが，甘味には砂糖，みりん，はちみつ，水あめなどが，酸味には酢，かんきつ類の果汁などが使われる。調味料としての利用のほかに，食塩は保存料や調理の下準備に，砂糖は保存料に，酢は保存料，殺菌剤，調理の下準備に使用される。

ⅱ）加工食品

　　保存性や嗜好性（おいしさ）の向上，安定的供給，便利さなどを目的として加工された食品で，冷凍食品，チルド食品，レトルトパウチ食品，調理済み食品，インスタント食品，コピー食品などがある。手作りに比べ，動物性脂質や食塩を多く含むものや，食品添加物が使用されているものがあるため，できるだけ多用は避ける。

③　食事摂取基準と食品摂取の目安

　食事摂取基準とは，健常な人を対象として，健康の維持・増進や生活習慣病を予防する目的で，エネルギーと各栄養素の1日の摂取量の基準を示したものである。厚生労働省から「日本人の食事摂取基準」として示され，年齢，性，身体活動レベル，妊婦，授乳婦の別に，推奨量，めやす量，目標量，上限量の数値が示されている。

　食事摂取基準を満たした献立を立てるためには，食品のエネルギーや栄養素の量を知る必要がある。そこで，「日本食品標準成分表」を利用する。成分表には，日本人が日常的に利用している約18,000種類の食品について，可食部100g当たりの数値が示されている。この値を用いることにより，食事から得られる栄養摂取量を求めることができる。

　しかし，1日3回の食事の栄養摂取量を算出するには，多大な労力を要する。そこで，1日に必要なエネルギーや栄養素を簡単に摂取できるように，「食品群別摂取量のめやす」が考案されている。めやすは，食品に含まれる主要成分を基にして食品をいくつかの群に分け，それぞれの食品群の必要量を1日単位で示したものである。めやすに沿って献立を作成すると，1日に必要なエネルギーや栄養素をおおむね適切に摂取できる。

　現在，食品群の分類には3群（3色食品群），4群（4つの食品群），6群（6つの基礎食品群）などがある（表2-1-4）。小学校学習指導要領解説では，食品は栄養素の体内での主な働きにより，「主にエネルギーのもとになる」，「主に体をつくるもとになる」，「主に体の調子を整えるもとになる」の3グループに分類するとしている。一方，中学校では6群による分類が用いられているため，小学校の教科書では，中学校との系統性にも配慮して，3群に5大栄養素による分類を加えた6群を掲載している。食品群を用いることにより，児童に食品を組み合わせて摂取することの必要性を理解させることができる。

表2−1−4 栄養素の特徴による食品群の分類

3色食品群	赤 群	緑 群	黄 群
	魚・肉・豆類・乳・卵・海藻	緑黄色野菜・その他の野菜・果実・きのこ	穀類・砂糖・いも類・油脂
	主に体をつくるもとになる	主に体の調子を整えるもとになる	主にエネルギーのもとになる

6つの基礎食品群	1 群	2 群	3 群	4 群	5 群	6 群
	魚・肉・卵・豆・豆製品	牛乳・乳製品・小魚・海藻	緑黄色野菜	その他の野菜・果実	穀類・いも類・砂糖	油脂
	主に体の組織をつくる		主に体の調子を整える		主にエネルギーになる	

4つの食品群	1 群	2 群	3 群	4 群
	乳・乳製品・卵	魚介・肉・豆・豆製品	野菜・いも類・果実	穀類・砂糖・油脂
	栄養を完全にする	血や肉をつくる	体の調子をよくする	エネルギー源となる

④ 食事計画

　食事は，①で述べた生命維持や身体の成長に不可欠な生理的機能のみならず，家族や友人とのコミュニケーションを深める精神的機能，食文化の伝承といった文化的機能も担っている。生理的機能には栄養素のバランスが求められ，精神的機能には見た目やおいしさ，食事環境などが求められる。文化的機能には食事マナーや行事食・郷土食の伝承，地域産物の利用（地産地消）などがあげられる。

　献立とは食事の計画を意味し，料理の種類や順序の予定を立てることである。献立には日常食と特別食（供応食，行事食，病人食，携帯食など）がある。小学校では，日常食としての1食分の献立を考えることができるようにする。献立を考える手順としては，⑴主食を決める，⑵主菜を決める，⑶副菜を決める，⑷汁ものや飲み物を決める方法が一般的であるが，主菜を最初に決める場合もある。小学校学習指導要領解説では，米飯とみそ汁を中心とした1食分を扱い，栄養素のバランスに配慮して，おかず（主菜）やみそ汁の実を工夫し，調和のよい食事を考えるとしている。

⑤ 調理の基礎

　食品を調理すると，そのままでは食べられないものが食べ物として利用できるようになる。そのため，調理とは食品をおいしく（色，味，香り，

食感等の向上），安全に食べられるようにする操作である。小学校で学習する調理操作には，洗浄，計量，切断，加熱，調味，盛りつけ，配膳，後片づけなどがある。

　計量器には，重量を計る自動上皿ばかり，液体や粉体の体積（容量）を計る計量カップや計量スプーン（小さじ・大さじ・すり切りべら），温度計，タイマーなどがある。調味料や液体の油は，体積で計ることが多いため，体積と重量の関係を知っておくと便利である（表2-4-5）。また，食塩などは「ひとつまみ」や「少々」といった言葉で表現されることも多い。「ひとつまみ」は指3本でつまんだ量，「少々」は指2本でつまんだ量で，これらを「手ばかり」と呼ぶ。

　切断するための道具には包丁，まな板のほかに，料理ばさみ，卵切り器，野菜切り器，皮むき器，缶切りなどがある。材料を切る，皮をむく，不要部分を除去するなどの作業は，主に文化包丁（洋包丁）を使用して行う。包丁の持ち方には，人差し指を包丁のみね（背）にかける「指さし型」や，握って持つ「握り型」などがある（図4-2-2）。材料を押さえる方の手は，指先を丸めて包丁に沿わせるようにする。まな板には木製とプラスチック製があり，作業のしやすさでは木製が，衛生管理の点ではプラスチック製が優れている。

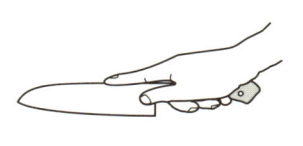

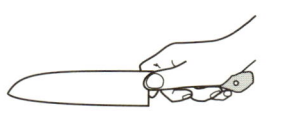

表2-4-5　食品の体積と重量の関係

（単位 g）

食　品	小さじ 5ml	大さじ 15ml	カップ 200ml
水・酢・酒	5	15	200
しょうゆ・みりん	6	18	230
みそ	6	18	230
食塩（精製塩）	6	18	240
砂糖（上白糖）	3	9	130
油・バター	4	12	180
トマトケチャップ	5	15	230
マヨネーズ	4	12	190
小麦粉（薄力粉）	3	9	110
米	－	－	160

　　指さし型　　　　　握り型　　　　　材料の押さえ方

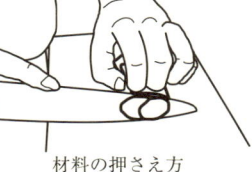

図4-2-2　包丁の持ち方と材料の押さえ方

加熱には，ゆでる，煮る，蒸す，炊く，焼く，いためる，揚げるなどの操作があり，それぞれの特徴は表4－2－6のとおりである。小学校ではガスこんろを使用して，主にゆでたり，いためたりして調理ができることを目指す。加えて，「教材機能別分類表」（付録2を参照）では電子オーブンレンジも取り上げられているため，オーブン加熱も可能である。

　味つけには，p.70のカで述べた各種調味料が使用されるほか，こしょうやからしなどの香辛料も使われる。味つけは各人で好みが異なるが，実習では分量に従って正しく計量させ，一般的な味つけを学習させることが重要である。

⑥　調理実習教材の要点

　ア　米飯

　　うるち米を炊いたものが米飯で，洗米，浸漬，加熱，蒸らしを経て調理される。米の水分は約15％であるが，炊飯後の米飯の水分は約65％となり，重量が2.3～2.4倍に増加する。そのため，米に加える水の量は，重量で米の1.5倍，体積で1.2倍が必要である。

　　米は乾燥しているため，30分以上浸漬してから加熱する。沸騰までは強火とし，沸騰後は中火から弱火にして，米の中央にまで水を均一に吸水させる。消火直前，再び強火で短時間加熱し，余分な水分を飛ばす。加熱時間は全体で20～30分程度が望ましい。消火後，ふたを開けずにそのまま10

表4－2－6　加熱調理の種類

種　類	温度(℃)	方　法	調理例
ゆでる	100	湯の中で食品を加熱する(湯は利用しない)	青菜のおひたし
煮　る	100	煮汁の中で食品を加熱し，調味も行う(煮汁も利用)	煮しめ
蒸　す	85～100	水蒸気の潜熱で食品を加熱する	茶碗蒸し
炊　く	100	米に水を加えて加熱する（水を残さない）	米飯
焼　く	100～300	直火や鉄板上，オーブン内で食品を加熱する	ステーキ
いためる	150～200	鉄板状で，少量の油脂とともに食品を加熱する	野菜いため
揚げる	160～200	高温に熱した多量の油脂の中で，食品を加熱する	天ぷら

分程度放置し，飯粒の表面に付着した余分な水分を，飯粒内に吸収させる。この操作を蒸らしという。学校教育では，主に鍋を使用して炊飯するが，ガラス鍋を使用すると米が吸水して飯に変化する過程がよく観察できる。

イ　みそ汁

　みそ汁は，だし汁で野菜や豆腐などの実を加熱した後，みそで調味した汁ものである。だしの材料には，みその香りが強いので，煮干しやかつおぶしの二番だし（一番だしの残滓（ざんし）に約半量の水を加えて加熱したもの）がよく用いられる。煮干しだしは，頭と内臓を除去して縦に裂いた煮干しを，水に30分程度浸漬してから加熱し，2～3分沸騰させた後にこし取るが，煮干しを残したまま調理してもよい。実の材料は，季節感や旬を考慮しながら2～3種類取り合わせて用いる。材料をだし汁であらかじめ加熱した後，みそを入れる。ただし，豆腐はみそを入れた後に加える。みそを入れた後に長く加熱すると，香りが悪くなる。

ウ　青菜のゆでもの

　ほうれんそうやこまつななどの青菜をゆでるときには，十分な量の湯を沸騰させ，その中に青菜を投入し，ふたをせずに加熱する。青菜がやわらかくなったら取り出し，冷水中で手早く冷してからしぼる。湯の量が少ないと，青菜を入れたときの温度低下が大きく，加熱時間が長くなるため，ビタミンなどの損失が増す。ふたを閉めて加熱すると，青菜の有機酸が湯に溶けて，色が低下する。

⑦　他の項目や「総合的な学習の時間」，「食育」との関わり

　食べ物が生活の中で担う役割には，飢えを満たして健康な生活を維持すると同時に，おいしく食べる楽しさを味わい，さらに食べ物を媒介として生活を豊かにするというはたらきがある。このような食べ物が担う社会的機能を理解させるためには，おやつと飲み物または簡単な会食を教材として，「家族や近隣の人々とのかかわり」との関連を図ったり，「総合的な学習の時間」に発展させたりする方法が考えられる。

　その場合，献立は既習の教材に加工食品を加えるなど，児童が手軽に準

備できるものを選ぶ。さらに，地域の特産物を使ったもの，祖父母や父母が子ども時代に食べたもの，地域や家庭に伝わる手作りのものを用いれば，団らんとともに地域や家庭の食文化の伝承にも役立つ。また，会食時には話題を考え，楽しい雰囲気で食事をするように指導することにより，食事マナーの向上にも役立つ。これらのことが，家庭科の特質に応じた「食育」の取り組みに通じるものになる。

(新井映子)

〈参考文献〉
森田潤司・成田宏史（2004）『食品学総論』化学同人
木戸詔子・池田ひろ（2003）『調理学』化学同人
武藤八重子（1989）『食物の授業』家政教育社
河村フジ子（1989）『小・中学校でできる食物実験』家政教育社

3　衣生活

　日常生活では当然のように衣服を着用し，時と場に応じて着替えたり着飾ったりしている。また，現代の衣服は形状や色，材質も多様化し，入手も簡単で着ることには事欠かない時代であると言える。
　紀元前まで遡ってみても，自然の素材を着用し装飾も盛んに行われていた様子が見て取れる。先人達が，快く生きていくために工夫を重ね，技術開発に努めてきた結果が衣生活文化として伝承され，定着，発展してきている。
　私たちの身の回りには多様な服装が発現し，人それぞれに応じた着用の様子が見られる反面，意図的な流行に安易にのり，没個性の状況もある。また，着古すという概念が希薄になり，環境の視点からの見直しも重要である。
　衣生活に関する課題は多々あるが，子どもも主体的に関わることが，自立に向けての第一歩であろう。
　本項では，小学校家庭科における「衣生活に関する教育」の対象や内容等について述べていく。

(1) 衣生活に関する教育

　平成20年（2008）の教育課程の改訂により，小学校「家庭」の内容構成に変化がみられた。衣生活に関しては，従来から「被服」領域として馴染んできたが，平成10年（1998）の改訂では「衣服への関心」「生活に役立つ物の製作」と示され，平成20年（2008）では「Ｃ　快適な衣服と住まい」となった。「住まい」と結びつけて，人間を取り巻く環境を快適に整えるものとしてとらえ，関心を高め両者を関連付けて学習できるようにしている。すなわち，身体にもっとも近い環境としての「衣服」と，人間の様々な生活を外から取り巻く環境として「住まい」を考え，それぞれをよりよい状態に保つことは健康的で気持ちよい生活を営む上で重要であり，「快適な」と結びつけて示されたのである。

　また，中学校の技術・家庭科の家庭分野においても，「衣生活・住生活と自立」と示されている。小学校と同様の考え方であるとともに，小学校と中学校の学習内容の体系化を図る今回の改訂趣旨から，同様な表現がなされている。

　このＣの内容には衣生活に関わるものが二つ含まれている。一つは「衣服の着用と手入れ」であり，もう一つは「生活に役立つ物の製作」である。この両者は従来から小学校の内容にあるもので，改訂前と大きく変わるものではない。

　小学校では「衣服」という語を用いている。衣服は主として体幹部を覆うもの，被服は身体の各部を覆い包むもので，かぶり物から履物までを含む[1]と定義される。本稿では小学校で扱う範囲を考え「衣服」を用いるが，場合によっては被服を用いる。

(2) 衣生活に関する内容研究と指導上の留意点

① 衣服の着用と手入れ

ア　着用・着装

　　衣服の着用は当たり前と，改めて考えることは少ない。「なぜ着るのか」は衣生活の根本をなすものとして軽視できないことである。着用・着装は衣服の機能を考えることであり，機能に応じた着用・着装を実践できるようにすることである。

衣服の機能には「保健的機能」と「社会的機能」がある。保健的機能には，外界からの障害を保護し快適な生活体温調節の補助，身体の保護，生活活動への適応があり，小学校で扱う着用はこの範囲である。社会的機能には，自分の審美的表現，社会習慣への対応，職業や所属などの表示，などがあり中学校での扱いである。このように，小学校と中学校では扱う範囲を分けているので，それぞれで漏れなく行われるようにすることが，連携を図り体系的に指導できる第一歩であろう。

ⅰ）「体温調節の補助」

　衣服を着用することによって身体（皮膚面）と衣服の間に空気の層が作られる。これを衣服（被服）気候という。この層が体熱の放散を防いだり進めたりするという保温に関わってくる。小学校では，暑さ寒さを調節する衣服としてどう着るかが課題となる。例えば，開口部の状態，重ね着の仕方，ゆとり，丈（長さ）などに関しては，子どもたちが着用している衣服，持参した衣服などをもとに季節や気温を考えた着用を工夫させることができる。

ⅱ）「身体の保護」

　外界からの熱や光，害虫，けが，ほこりやごみなどから身体を保護するとともに，身体から分泌される皮脂などを吸収して皮膚を清潔に保とうとする働きがある。子どもたちの生活では，例えば，遠足や山登り時の服装を考えさせることによって，衣服が身体を保護していることが確認できる。また，宇宙服などは児童も興味を持ちやすいので，特殊な衣服であるが例として取り上げれば，衣服が身体を保護する役目を担っていることが理解しやすいであろう。

ⅲ）「生活活動への適応」

　日常生活には様々な活動があるが，活動内容によって衣服を替えて対応している。学校生活においても児童は体育，掃除や給食当番などで着替えをしている。また，遠足や宿泊生活などでも同様である。休息しやすい服に着替えて就寝する。これらは，様々な活動を妨げることなく効

率よく安全性も考えた環境をつくる衣服の機能である。

イ　手入れ

　快適な衣生活を営むためには，身体の衛生管理とともに衣服の管理が必要となる。衣服の着用により汚れ，しわ，型崩れなどが起こる。また，破れや擦り切れ，ほころび，ボタンがとれたりファスナーが壊れたりなどが起こりうる。

　このような状況を回復し，大切にまた快適に着用するためには手入れ・管理が必要である。洗濯やクリーニング，アイロンかけ，繕い，ボタン付けなどの技能を用いて対応することになる。

　小学校では手入れとして「ボタン付け」「洗濯」を扱う。

ⅰ）「ボタン付け」

　　衣服には打ち合わせを止めるために，また飾りとしてボタンが付けられている。取れてしまうと不便で見苦しい。ボタンには表面に穴がある二つ穴ボタン，四つ穴ボタン，裏面に穴がある足つきボタンや裏穴ボタンが用いられている。衣服に付けるときは，丈夫に，穴にボタンをはめやすいように付けることが必要である。使用する糸の太さにも気をつけたい。

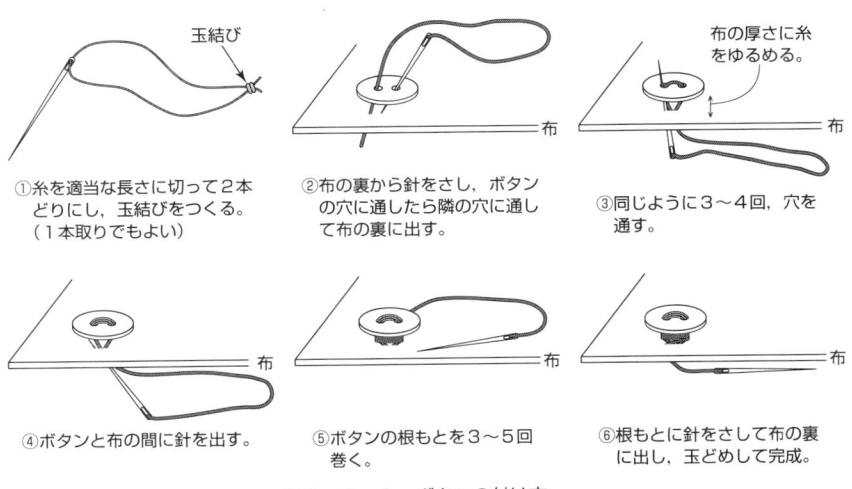

①糸を適当な長さに切って2本どりにし，玉結びをつくる。（1本取りでもよい）

②布の裏から針をさし，ボタンの穴に通したら隣の穴に通して布の裏に出す。

③同じように3～4回，穴を通す。

④ボタンと布の間に針を出す。

⑤ボタンの根もとを3～5回巻く。

⑥根もとに針をさして布の裏に出し，玉どめして完成。

図4－3－1　ボタンの付け方

ⅱ）「洗濯」

　洗濯には洗濯物（衣類），洗剤，水，器（洗濯機や洗い桶など）が必要となる。小学校では日常着を「手洗い」し，洗濯の基本について学ぶ。

　近年，洗濯機は100％に近い普及であり，さらに乾燥機能付きの全自動洗濯機も出回っている。洗濯機は我々にとってブラックボックスであり，コンピューターで制御されて洗浄・脱水され，中には乾燥した状態になって仕上がってくる。このブラックボックスの中を手洗いの洗濯を通して理解させ，基本的な操作が必要なことを実感させるようにしたい。

ウ　洗剤

ⅰ）　種類

　洗剤の主成分は界面活性剤である。界面活性剤の種類により次のように分類できる。（　）内は界面活性剤である。

　・洗濯用せっけん（せっけん100％）
　・洗濯用複合せっけん（せっけん70％以上＋その他の界面活性剤）
　・洗濯用合成洗剤（せっけん70％未満＋その他の界面活性剤）

ⅱ）　せっけん

　汚れを落とす主成分である界面活性剤が，動物や植物からとれる油脂で作られている。近年は植物油が多く使われるようになっている。特にパーム油の使用が多くなったが，それは大量に安定した供給が可能であるためである。

　また，複合せっけんも商品化されているが，種類は多くなく，せっけんとして販売されていることがあるので，表示をよく観察したい。

ⅲ）　合成洗剤

　せっけん以外の合成された界面活性剤が30％以上使用されているものをいう。洗濯機の普及にしたがって便利に使用されるようになり，水に溶けやすい粒状のものが多くなっている。

　反面，環境負荷が高い，皮膚が荒れるなどの問題も指摘されたが，改良が進んでいる。環境への負荷はどの洗剤を使ってもあるわけで，洗濯

の仕方や洗剤の使い方を見直す必要がある。

エ　汚れが落ちるメカニズム

　洗剤の主成分である界面活性剤には4つの性質がある。4つの働きとは、「浸透作用」「乳化作用」「分散作用」「再付着防止作用」である。「浸透作用」は界面活性剤があることによって繊維の中に水が入っていく。「乳化作用」は、油性汚れを包み込み水に散らばった状態にする。「分散作用」は、固体汚れを水中に引き出し細かな粒子とする。「再付着防止作用」は水中に溶けだした汚れが洗濯物に再付着しないようにする。

　この4つの性質が総合的に働いて汚れを落す。そのプロセスは、図4－3－2のようになっている。洗濯物の汚れや布に吸いつき、汚れを取り囲む。この時、こするなどの手の力や水流により汚れが洗濯物からはがされ、さらに細かな粒となって水中に溶けだす。それを何回かすすぐことで界面活性剤は流される。

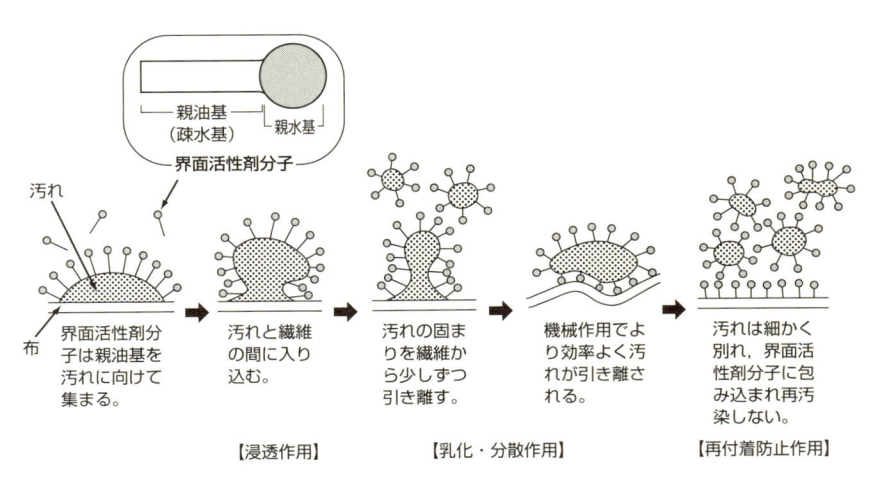

図4－3－2　汚れが落ちるしくみ

オ　洗濯の手順

　　洗濯物の種類や汚れの程度などに応じた方法で洗濯をすることが必要である。一般的に洗濯は次のように行われる。

　　準備（汚れや衣服の種類などにより分類，ポケット等点検）→下洗い（汚れのひどい物やシミ抜きなどは必要に応じて行う）→本洗い（手洗いや洗濯機で）→すすぎ（洗剤液の様子で繰り返しすすぐ）→絞る（手または脱水機で）→干す（天日や乾燥機で）

　　この時，環境に負荷をかけない洗濯を行うことが大切で，そのためには適切な洗剤の量，水の量に気をつけたい。すなわち，洗濯物をどれだけ洗うか（量＝重さ），それにはどれだけの水が必要か（洗濯物の重さの10倍〜15倍の水量），洗剤の量はどれだけか（例えば水30ℓに25ｇなど，標準使用量や使用量の目安として表示）を守りたい。

　　小学校では手洗いが主となる。容器の大きさを考慮し，それに応じた水量，洗剤量を使用する。施設・設備との関わりもあるが，一人ひとりが体験できるように配慮したい。場合によっては脱水機を使うことも考えられる。

　　洗濯する物は，Ｔシャツや体育着などの児童に身近なもので，どの児童にも共通するものを使いたい。また，靴下など汚れが目立つものを手洗いし，その落ち具合を実感させることも効果的である。

② 生活に役立つ物の製作

　　製作は従来からある学習内容である。しかし，平成10年の改訂で家庭科の目標や内容が5・6年を通したものとして示されたことや時間数減などにともない，その扱いが変化してきた。題材の指定がなくなり，一人ひとりの児童にとって「生活に役立つ物」とは何かを考え製作する物を決めることや，2学年にわたって平易なものから段階的に扱うことが明記されたことである。

　　製作には，布地に関する知識，縫製に関する基礎的な知識・技能が必要となる。

ア　布地

　織物と編み物がある。織物は縦糸と横糸を交錯させて織ったもの，編み物は糸を絡ませながら編んでいったものである。Tシャツやトレーナー，ニット製品は編み物にした布を切断し，縫い合わせて作られている。編み物は縦・横に伸びやすいので児童には扱いにくい。伸びの少ない織物を使うようにしたい。また，フェルトは圧縮された布なので，紙のように扱うことができる。体験の少ない児童には比較的扱いやすいが，布に厚みがあって縫いにくさもあるので縫い方に配慮する。

イ　手縫い

　基礎的な技能として学習で扱うものは，玉結び・玉どめ，並縫い，返し縫い（本返し縫い，半返し縫い），かがり縫いである。並縫いと返し縫いは縫い合わせに，かがり縫いは布端，裁ち目の部分に使われる。製作するものや縫う場所に合わせて使うようにする。図4－3－3に縫い方を示す。

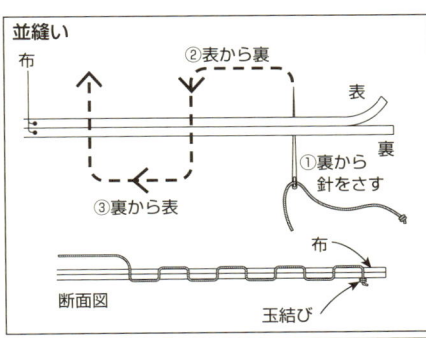

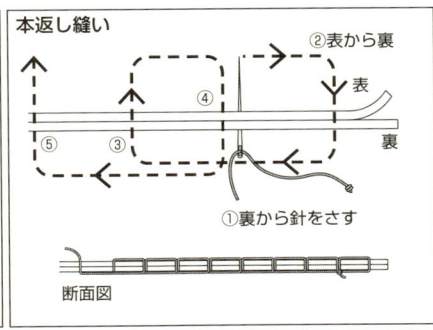

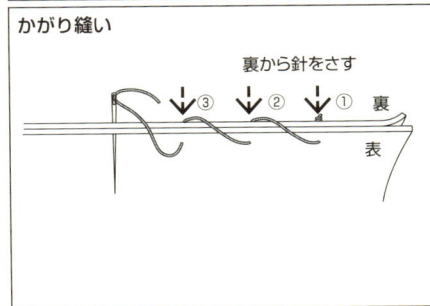

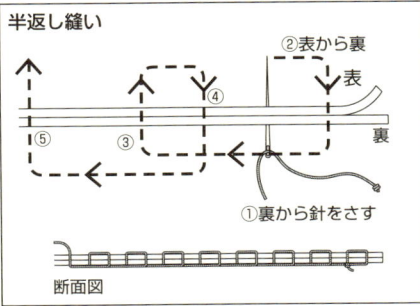

図4－3－3　いろいろな縫い方

縫い方はそれだけを取り出して指導するのではなく、なぜそうする必要があるのかなどを考えさせながら身につけていくようにしたい。

ウ　ミシン縫い

最近の小学校のミシンは電動のものがほとんどで、比較的容易に操作ができるものとなった。しかし、電動であるために細心の注意も必要である。子どもたちは動くものには興味を示し、ミシンに手を触れることが多いので事故も心配される。学習前には操作時の約束事を決め、守るようにさせたい。

ミシンには直線縫いのものと、多機能を装備したコンピューターミシン、布端の始末ができるロックミシンなどがある。小学校では直線縫いが主流であるが、コンピューターミシンを備えた学校もある。いずれにしても高価なものであり、使い方に気をつけ、安全に学習ができるように学習環境を整えて臨む必要がある。

直線縫いができるようになることが小学校のねらいである。そこには方向を変えて直線縫いをすることも含まれる。一連のミシン操作の仕方の中に位置づけておくことが必要である。

ⅰ）　針

ミシン針は一般の針と形状や太さが異なる。針穴の位置や形、太い部分には切り取った平面があることや数字が記入されていることなど、観察を通して気付かせたい。

数字は針の太さを表し、9番、11番、14番があり、番号が大きいほど太い。小学校では11番を使うことが多い。

ⅱ）　糸

ミシン糸は布の材質によって選ぶが、最近はポリエステル製のものがよく使用される。色数も豊富である。太さは数字で表され、大きい数字ほど細い。30番、50番、60番、80番などがあるが、小学校では50番、60番がよく使用される。伸縮性のあるミシン糸も出回り、伸びやすい布や形などに使用されるが、小学校では扱いがむずかしい。

ⅲ）ボビン・ボビンケース

　水平がまの出現は，子どもたちに作業を容易にした。針棒の真下にあるかまはプラスチックのカバーで見やすく，下糸を引き出す様子もわかり，操作の手間がかからず，安全に作業ができ，間違うことも少ない。しかし，糸の通し方を間違えると縫えない原因にもなり，故障も起こりやすくなる。また，糸調子もよくないので，ミシンに書かれている図や教科書で確認させる。

　下糸を巻くボビンは，金属製やプラスチック製のものがある。表面にある穴や切込みの意味を考えさせて使わせたい。

　水平がまのミシンには必要ないが，従来型のものには「かま」があり，ボビンをボビンケースに入れて使用する。ケースへの入れ方，ケースからの糸の出し方，かまへの入れ方などには注意を要する。

ⅳ）上糸・下糸や針目の調節

　調節を適切に行わないと，仕上がりに影響する。

　最近の水平がまのミシンは，糸の調節が制御されているのであまり必要ない。ボビンケースを使っているミシンでは，ボビンを入れているケースの調節か上糸調節装置のいずれかで調節するが，児童にはむずかしい。針目は2～3ミリに調節しておき，縫うようにさせるとよい。

ⅴ）返し縫い

　縫い始めと縫い終わりは返し縫いをする。特に，縫い終わりは返し縫いをしてから糸を切るようにする。返し縫いはミシンのレバーやボタンを操作すれば容易にできる。縫いすぎないこと，縫い目の上を重ねて縫うことにも気をつけたい。

③　製作物

　布や針を使った製作は初めてという児童が多いと予想される。児童の実態を把握し，製作の2学年間の計画を立てる必要がある。初めは簡単で容易に取り組める作品を考え，経験を積み重ねるにつれてやや抵抗のある作品を考えたい。第5学年で製作するものは何が適当か，その発展として第

6学年では何を製作するか，また，それぞれの製作でどのような知識・技能を身につけさせるのかを明確にし，もれのないように配慮する。

製作物を決めるに当たっては，児童の技能の実態や興味・関心などに配慮し，子どもたちと決めたり，指導者が用意した見本の中から決めさせたりするなど，計画的に考える必要がある。また，「快適な衣服と住まい」とあるように，快適に生活するために役立つ作品であることも考えたい。

さらに，クラス全員が同じ作品であるとは限らない。必要性や興味など児童の意志を考慮すると，何種類かの作品を指導することもありうる。指導体制を工夫することや製作物の見本や製作の段階的な標本，手順を示す図，スライドやビデオなどを整えるなど，児童が学びやすい環境を準備することが大切である。

2年間の製作物は，次のように考えられる。

1．小物（手縫いを用いた平面的な物など）
2．1よりやや大きめの物（平面的な物を中心に。手縫いに加えミシン縫いも活用）
3．物を入れたり，身につけたりするようなやや大きめの物（ミシン縫いを活用）

整理・整頓や清掃，買物などの仕事に役立つ物，食事や団らんなどの生活に役立つ物，遊びに使う物，家族に贈る物など，使う人や場面を考えて製作物を考えるようにしたい。

(内野紀子)

〈引用文献〉
1）内藤道子・勢田二郎編著（1995）『衣生活論』建帛社

〈参考文献〉
加藤祥子ほか（2008）『生活を科学する』開隆堂出版
文部科学省（2008）『小学校学習指導要領解説　家庭編』東洋館出版社

4　住居・住生活

(1)　住居・住生活に関する教育

　住居は，家庭生活のよりどころであり，また健康維持のみならず人間形成の上でも大切な役割を果たしている。しかし子どもにとってはあまりにも身近な生活の場で，学習対象として意識されにくい。また，学習素材が教室に持ち込みにくく，子どもの手にはあまることもあり，さらに食生活，衣生活に比べ各家庭の実態に差があり，プライバシーに触れかねないなどの理由から，これまで住居・住生活の教育は十分に行われてこなかった。

　住居の内容は，平成20年(2008)改訂の小学校学習指導要領では，「C　快適な衣服と住まい」の中で(2)快適な住まい方についての指導項目として位置づけられることになった。衣服と同じ内容で扱われるのは，「衣服」と「住まい」が人間を取りまく快適な環境をつくりだす要素としてとらえられるからである。しかし，小学校学習指導要領家庭での「住居」の内容は，昭和33年(1958)告示の学習指導要領では「C　すまい」として独立した領域であったが，昭和52年(1977)改訂では「C　住居と家族」に，平成元年(1989)改訂では「C　家族の生活と住居」，そして平成10年(1998)改訂では「(6)　住まい方への関心」，今回の改訂では「C　衣服と住まい」というように，時代とともに常に変化して，家族や家庭生活，さらに衣生活と抱き合わせて扱われてきた。

　最初に述べたように，子どもの認識の発達段階やとらえ方の特徴からみて，住居そのものの学習は小学校では扱いにくいが，住居は本来独立した内容を有している。小学校では，基本となる「住居の機能」「住まい方」「住居の衛生」の教材研究が必要である。

(2)　住生活に関する内容研究と指導上の留意点

　快適な住まい方の学習の基礎をなすこの事項では，自分の身の回りの整理・整とんや清掃を取り上げ，清潔で気持ちのよい住まい方ができるようになるこ

とをねらいとしている。

① 整理・整とんと清掃

　児童は家庭で幼い時から身の回りの片づけをしつけられてきている。学校に入っても，道徳，学級指導での掃除などを通して整理・整とんや清掃の指導を受けている。しかし最近では子どもの生活自立能力の発達が遅れてきていることが指摘され，自分で身の回りや部屋の片づけをする子が減ってきている。このように現代の子どもはこれら身につけるべき基本的な生活習慣を人まかせにしたり，言いつけられるからやったり，受け身的なとらえ方をする傾向がある。しかし，小学校も高学年になると家庭の仕事の実践率もあがってくることから，今までの他人まかせの生活を見直させ，自覚に訴えるとともに環境整備の快適性に気付かせて，主体的に住生活に関わらせるようにすることは意義がある（図4－4－1）。

　整理・整とんの指導では，自分の持ち物を分類し，収納場所や次に利用するときの便利さなどを考えて整理・整とんすると気持ちのよい住まいが実現できることに気付かせ，それが合理的で安全な住生活につながる点も理解させる。

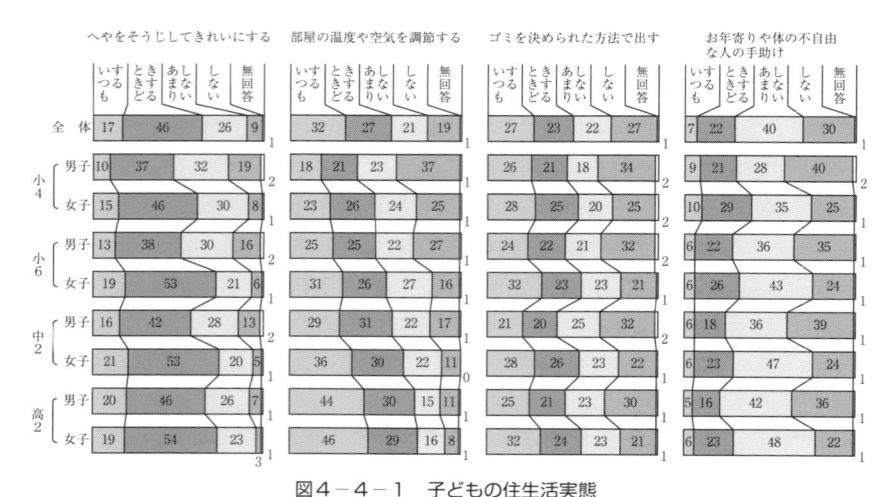

図4－4－1　子どもの住生活実態
〈資料〉「家庭生活についての全国調査」家庭科教育学会2001年

また，「身近な消費生活と環境」の学習と関連づけて取り扱うことで，物に囲まれた今の生活やむだな使い方の問題点に気付かせ，整理・整とんの出発点を押さえておくとよい。教室の机や棚，ロッカーなどでの具体的な実践を通し，限りある収納場所に収納する方法や，取り出しやすい収納の仕方などを検討させる中で，大きさ（幅や奥行き，高さ）や場所（配置）への配慮をするという空間認識の基礎を身につけさせ，中学校以後の学習に発展させることができる。また，家庭では使う人や時間帯でどこにどのようなものをどのような形で収納しておくと使いやすいか，家族共用の場所や物などを取り上げて探求的に課題に迫っていく学習も実践につながり，併せて収納の原則に気付かせることができる。図4－4－2は大学生が行った整理・整頓の教材研究の一例である。実際に整理・整頓の活動をすることで，感想にあるように住居学習のよさが見えてくることも多い。また活動レポートのタイトルは例示にある「勉強机改造プロジェクト」のほかに「引き出しの中から発見したこと」「キレイな玄関で『行ってきます！』」など，生き生きした活動の様子が伝わってくるものとなっている。小学生に取り組ませるとさらに工夫をして楽しい活動にすることができると考えられる。

　清掃の学習では，材質や汚れに応じて適切な清掃ができるように，汚れの観察や清掃用具の特徴を学習した上で，材質の違いや汚れの種類によって用具をうまく使い分けて扱い，気持ちのよい住まいの工夫ができるような実践的態度の育成を目指す。敬遠されがちな内容なだけに，普段は気付かない観点からの見方や達成感が味わえる方法を盛り込み，問題解決的な学習活動が展開できるような工夫が大切である。

　整理・整とんと清掃の工夫の指導に当たっては，衣服の学習や生活に役立つ物の製作だけでなく，身近な消費生活と環境の内容と関連させた展開がしやすいことから，題材構成を工夫すると現代的課題に目を向けさせる家庭科指導ができる。また，最近では交換会のバザーや廃品回収などを学校行事や環境教育の一環として総合的な活動場面で扱う学校も多い。これ

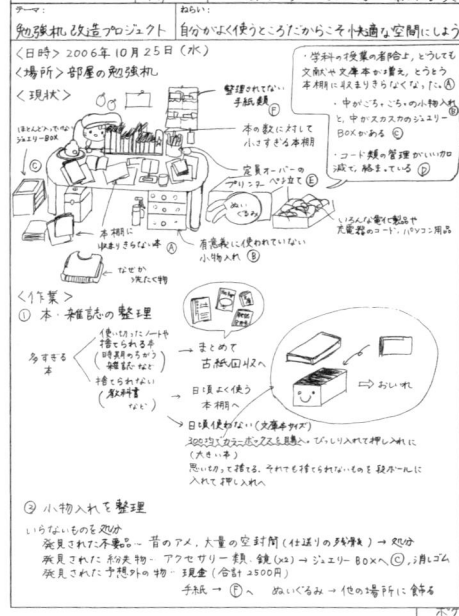

〈感想より〉

・身の回りの整頓を行う時に，家族など他の人のことを考えなければならないということを実感できた。小学校における教育においても，他者との共通の空間を整理・整頓することで，他者の気持ちに気づくことができ，物理的な点だけでなく，精神的な重要性に気づけた。

・この活動を家庭科で行う意義は，自分が片付けた場所に愛着が湧き，また自分の普段の生活をよりよいものにしようとする意欲が湧く。自分で計画から実践まですることで，計画的に物事をすすめる力もつくと思う。

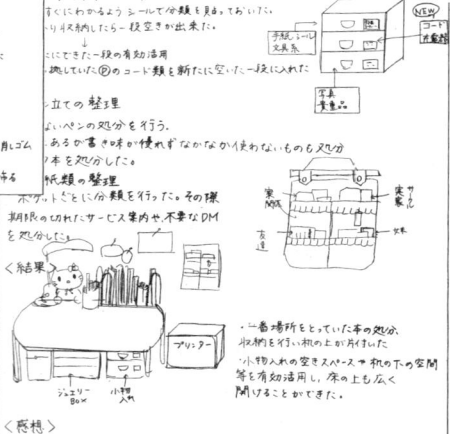

〈感想より〉

・『現状を見つめる→問題の発見・整理→実践の目標設定→実践の計画書作成→実践の振り返り→さらなる工夫・改善の見通し』と整理・整頓・掃除をこんな風にやったのは初めてだったが，やってみると意外に楽しいもので，だんだん意欲が湧いてきて，掃除についての良さを感じることが何度もあった。このような取り組みをする中で，授業で以前につくった『おたまじゃくしぞうきん』[1]を生かすようにすると，家庭科の時間を思い出せて良いと思った。楽しんで活動（課題）を行うことが出来た。

図4-4-2　整理・整頓の教材研究

らの活動と連携させることによって，子どもたちの意欲を高め，家庭科の住まい学習を生活に生かすことができる。

② 気候の変化への対応

　我が国は四季の変化に富み，主として温暖な気候・風土を有することから，季節に応じた暮らし方を古来より行ってきた。その自然の恵みをできるだけ生かして住まうことの大切さを知らせ，より快適な住まい方に関心を持たせることをねらいとしている。

　子どもたちは，住居は雨風をしのぐ働きがあることはわかっていても，暑さや寒さを防ぐ働きがあることは衣服ほどには気付いていない。しかし屋外に比べて室内は暑さ寒さが和らいでいたり，部屋によって温度の感じ方が違ったりすることは体験している。また古くからの民家は厚い断熱材や開放的な間取りなどの工夫で，冬暖かく，夏涼しいことも経験したことがあるだろう。温度計を使って外気温とともに室温を測定すると，最高最低温度が緩和されていたり，その起きる時が遅れて現れたりしていることがわかる。また，構造によってもこれらの度合いが違うことを発見することもできる。このように，住居には暑さ寒さを防ぐ働きがあり，地域の気候に合わせて建て方や構造に工夫が施されている。通風や日射についても，窓のあけ方やカーテン・ブラインドでの遮蔽など住まい方の工夫で，さらに快適な温熱環境が得られることを発見させ，日光を取り入れたり遮ったり，風を通したりすることによって，自然のはたらきをうまく利用して住まい方の工夫ができる実践へと導きたい。

　図4－4－3[2]は，春分，夏至，秋分，冬至の晴天日の，方位別壁面の総受熱量を表している。夏季は太陽が真東より北寄りから昇り，日中の太陽高度は高く，真西より北寄りの方角に沈む。これに比べ，冬季は真東より南寄りから日が昇り，日中の太陽高度は低く，真西より南寄りへ沈む。この季節による太陽の動きの違いにより，受熱量が図のように変化する。したがって，南向きの部屋は，夏は直射日光が入りにくく，一方，冬は部屋の奥まで日が差し込み，暖かく居心地のよい空間となる。

　このように，日本の気候は四季による変化がはっきりしているが，最近の住宅は気密性が増し，室内の温熱環境の調節を機械に頼ることが多くな

っている。エアコンの普及により温度調節だけでなく空気調整も機械に頼りがちだが，過度の使いすぎは健康上好ましくなく，省エネルギーの観点からも見直さなければならない。また，室内を密閉していることから，思いのほか空気が汚れてくるので，特に燃焼型暖房器具を使用する冬季は積極的な換気を心がけたい。

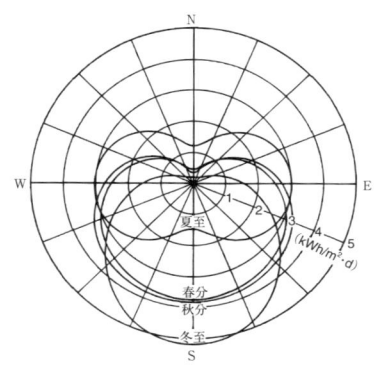

図4－4－3　季節別晴天時の各方位壁面における1日総受熱量(東京)

③　採光の工夫や照明の仕方

　室内環境の中で子どもの学習時に最も大切なのは明るさである。住みよい住まいにするために自分でできることがらのうち，「部屋の明るさを工夫する」は6年生の6割ができるとしている[3]が，「部屋をそうじする」や「部屋の空気を入れかえる」に比べて低く，できるとは思っていても実際にしている子どもはもっと低率であると思われる。家や学校の勉強机と窓や照明器具の位置関係を具体的に検討することで，子どもにも理解しやすい学習が展開できる。採光のための工夫としては，窓の方位や大きさ・位置，勉強机までの距離，窓ガラスの材質や手入れの状況などを考えて行うことである。また，照明の工夫としては白熱灯や蛍光灯など電球の違いを知った上で使い分けたり，全体照明と部分照明の併用を考えたりするなどである。

　明るさの測定には照度計を用いる。しかし照度は測定状況によって値が変わりやすいので，次のような注意が必要である。日照は時々刻々変化しているので採光照度を測る際はできるだけその影響を排除する（複数地点での測定は同時に行うのが望ましい，拡散光の曇天の日に測定するなど），測定者の影や着衣の色に影響されるので受光部に近づきすぎない，机の高さで測る，直射日光は測定しないなどである。室内の平均照度は，部屋の四隅から1m内側の地点と中央の5点（教室のような広い部屋ではそれぞれの中間点も含め計9点）での測定値を平均して求める。なお，JISで

は一般教室に適した照度範囲は200〜750Lx（ルクス）となっている。
④ 近隣の人々との生活

　住生活の安寧は，現在では自分の家だけで得られるものではなく，近隣の家や地域の生活環境と切っても切り離せなくなっている。とりわけ都市や集合住宅に居住する場合，住宅や道路，工場など用途や使い方が異なる建造物が近接したり重なり合ったりしているだけに，お互いの影響は大きい。他人を思いやる心や社会規範を守る態度が薄らぐ中で，人間関係の大切さを重視する家庭科では特に重点をおかなければならない。

　小学校では特に居住者同士がお互いのことを考えて生活するという視点から，他の家族とともに快適な住生活を送るために，近隣の人に配慮する必要があることがわかり，特に環境の美化や生活騒音の防止ができるようにすることである。環境の美化については，清掃やごみの処理の内容と関連させて，地域の美化の必要性に気付かせたり，校区での実践活動を通したりして，地域の人たちや土地に愛着を持つ心を育てる。生活騒音の防止については次のような工夫があげられる[4]。しかし，騒音とは客観的な音の大きさだけでなく，隣人関係の良否など心理的な影響が大きいので，大きい音を出さない配慮をするとともに，普段からの付き合いをよくしておくことも大切であることを知らせる。

○ 音響機器（ピアノ，ステレオ，テレビなど）
・演奏時間や使用時間に注意を払い，早朝や深夜は避ける。
・音量を調整し，イヤホンやヘッドホンを使用する。
・窓やドアを閉め，厚手のカーテンを掛けて，カーペットを敷く。

○ 住宅用機器・設備（エアコン，洗濯機など）
・使用時間帯に配慮する（早朝や深夜は使わないようにする）。
・隣家から極力離れた場所に取り付ける。洗濯機などをコンクリート床上に置く場合は，下に防振のためのゴムマットを敷く。
・定期的な点検整備をすれば，音も大きくならず機器も長持ちする。

○　その他
　・犬には規則正しい食事と運動を与え，厳しくしつける。
　・小鳥・にわとりなど深夜，早朝に鳴かせないよう籠や小屋を遮蔽する。
　・足音，飛びはね音は階下への配慮が必要。
　・ドアは静かに開閉する（ドアストッパーやスポンジの取り付けなど）。
　・給排水音は集合住宅では特に気をつける。

(3)　教材研究及び指導における留意点

　環境も含め住居・住生活について扱っている教科は小学校では家庭のほかに，社会，理科，生活，図画工作，体育や道徳などがあるが，教科内容の一分野をなし，さらに小・中・高と一貫して取り扱っているのは家庭（中学校は技術・家庭）だけである。学校教育における住居指導は，「人間尊重・生活優先の立場から，児童・生徒に住居の意義を理解させ，正しい住居観を養うとともに，住生活に必要な知識と技術を習得させ，これらを実際に活用して，快適で機能的な住まい方を工夫する能力と実践的な態度を育てることにある」[5]とされる。

　小学校では，住居は家族の生活が展開される場としてとらえ，住生活は家族の生活を通して学習することが多いために，住生活そのものを客観的な対象として取り扱いにくい。住生活に主体的に関わることが少なく，児童の空間把握の発達段階からすれば当然であるが，住居を取りまく身近な事例を通して，将来住生活に積極的に関わっていける基礎は養っておきたい。家族が共に暮らす住生活について学ぶことは，共に生活してゆく基盤を築くことであり，昨今重視されている「共生」の感性を育てることにも通じる。お互いの存在を認め合い，豊かな生活の実現には欠かせない観点であり，人格形成を重視する小学校教育に欠かせない内容を含んでいる。住生活に関わる実践的態度を育てるためには，まずは子どもの目線で住生活を見つめさせること，そして学習者共通に住生活的視野が広げられる学習教材を取り上げること，児童でもできる実践化のための課題解決学習を取り入れること，科学的根拠に基づいた理解や活用する力を養うために実験・実習の導入など実証的学習を心がけること，地域の

実態を取り入れた学習にすることなど,児童が取り組みやすい学習の展開を工夫することが必要となってくる。「生きる力」の育成に関連し,課題解決的な学習が望まれているが,住生活の学習では児童の目線に合った気付きや疑問を手がかりに関心や認識にゆさぶりをかけ,自らの住生活を見つめ見直そう,あるいは豊かに楽しもうとする能動的な態度育成を目指したい[6]。学習内容の系統化や教材開発,教師の指導力養成など,住居の分野を取りまく問題は多いが,住生活の向上を目指して児童たちに住まい学習の面白さと大切さを認識させたい。

(榊原典子)

〈文献・資料〉
1) 京都教育大学家庭科教育研究室（2005）『作ろう・使おう　おたまじゃくしぞうきん－環境をカエルために』おたまじゃくしぞうきんプロジェクト
2) 日本建築学会編（1978）『建築設計資料集成 1 環境』丸善株式会社
3) 日本家庭科教育学会（1985）『現代の子どもたちは家庭生活で何ができるか』家政教育社
4) 環境庁（1989）『環境にやさしい暮らしの工夫』p.74～75　大蔵省印刷局
5) 伊藤富美,三好百々江編著（1980）『家庭科教育法』p.136　ミネルヴァ書房
6) 例えば,澤田悦子（2008）『明日の授業に使える小学校家庭科』大月書店　など

5　消費生活・環境

(1)　消費生活・環境に関する教育

①　消費者教育への期待と社会的背景

　私たちは,便利で快適な生活そして豊かな生活の実現のために,多くのモノ・サービスを所有したり使用したりしている。ところが豊かな生活の陰で,消費者の安全・安心を揺るがす事件,悪質商法のような契約に関わるトラブルや多重債務問題など,多様で複雑な消費者問題が急増しており,個人レベル・社会レベルでの対応が求められている。また,大量生産・大量消費・大量廃棄型のライフスタイルは深刻な地球環境問題を引き起こしており,根本的な解決を図り持続可能な社会を形成していくために,これまでの社会経済環境のあり方やライフスタイルを早急に見直さなければならないという課題に直面している。

このような時代背景の中で，平成16年（2004）6月，消費者基本法が公布・施行され，消費者教育は，消費者の権利の一つに位置づけられた。また消費者基本法第9条を受けて，平成17年（2005）4月に消費者基本計画が閣議決定された。その中では消費者の自立のための基盤整備の一つとして消費者教育の推進があげられ，行政機関を中心に具体的，積極的な取組みが計画されている。21世紀の消費者政策において，消費者教育には大きな期待が寄せられている。消費者基本法の示す消費者政策の基本的な方向性や，消費者基本計画に示されている具体的な施策は，学習指導要領に明確に反映されている。以下，消費者基本法と消費者基本計画に見られる消費者教育関連の内容を概観する。

ア　消費者基本法

　消費者基本法は，昭和43年（1968）の消費者保護基本法制定以降の経済社会の変化を踏まえて，21世紀にふさわしい消費者政策を再構築することが不可欠であるとする認識を受けて改正された。消費者基本法では，消費者政策の推進において「消費者の権利の尊重」と「消費者の自立の支援」を基本とすることが定められている。消費者保護基本法において消費者は「保護される者」であったが，消費者基本法においては「自立した主体」として考えられており，行政は消費者が自立できるように支援することとしている。これは消費者の「保護」から「自立支援」への消費者政策の大きな転換を示している。

　消費者が自立した主体となるためには，消費者基本法の第2条に示されている消費者の権利を自覚することと同時に，第7条に示されている消費者の責務を果たせるようになる必要がある。第2条には基本理念が示されており，「国民の消費生活における基本的な需要が満たされ，その健全な生活環境が確保される中で，消費者の安全が確保され，商品及び役務について消費者の自主的かつ合理的な選択の機会が確保され，消費者に対し必要な情報及び教育の機会が提供され，消費者の意見が消費者政策に反映され，並びに消費者に被害が生じた場合には適切かつ迅速に救済されること

が消費者の権利であること」が記されている。そして，ここに消費者教育を受けることが権利の一つとしてあげられている。また第7条には「消費者は，自ら進んで，その消費生活に関して，必要な知識を修得し，及び必要な情報を収集する等自主的かつ合理的に行動するよう努めなければならない。消費者は，消費生活に関し，環境の保全及び知的財産権等の適正な保護に配慮するよう努めなければならない。」と記されている。その他，消費者基本法には，自立した主体としての消費者育成のための様々な支援について示されており，多様な消費者教育が期待されている。

イ　消費者基本計画

　消費者基本計画は，消費者政策の計画的な推進を図るために定められたものである。平成17年（2005）4月に示された消費者基本計画では，平成17年（2005）度からの5ヵ年を対象に，消費者政策の基本的方向（3つの基本的方向性），その重点（9つの重点項目），計画の実効性確保のための方策を，以下のように取りまとめている。

＜3つの基本的方向性と9つの重点項目＞

ⅰ）消費者の安心・安全の確保
　1．消費者が危険な製品の情報を素早く入手し，事故を回避できるようにする。
　2．消費者のリスクコミュニケーションへの参加を促進する。
　3．消費者が食品に関する情報を簡単に入手できるようにする。

ⅱ）消費者の自立のための基盤整備
　4．消費者が不当な勧誘に直面しないようにする。
　5．消費者団体が事業者の不当な行為を差止めることができるようにする。
　6．消費者が自立できるように消費者教育を展開する。
　7．消費者が自ら環境に配慮して行動できるように支援する。

ⅲ）緊要な消費者トラブルへの機動的・集中的な対応
　8．消費者からの苦情相談を活用してトラブルを防止する。
　9．緊要な消費者トラブルに対して機動的・集中的に施策を講じる。

この9つの重点項目の6は学校や社会教育施設における消費者教育の推進に関わる部分であり，内閣府・文部科学省間の連携の強化，消費生活センターと教育委員会との連携強化，「出前講座」実施の専門家育成，消費者教育の基盤整備，消費者教育の体系化について，具体的な内容と実施年度が示されている。7は環境に配慮した消費者一人ひとりの取組みの促進に関わる部分である。ここでは，消費者によるCO_2削減に向けた環境配慮行動を呼びかける「国民運動」の展開，循環型社会に向けた3Rの普及啓発，環境教育の推進，環境情報の提供の充実，消費者に身近な化学製品に関する危険有害性情報の提供と理解の促進について，内閣府，環境省，経済産業省，その他関係省庁の具体的な取組みの計画が示されている。現在この基本計画に沿って着実に消費者教育が推進されていると言えるだろう。

② 学習指導要領と消費生活・環境の学習

　平成20年（2008）3月改訂の小学校学習指導要領「家庭」では，4つの内容の一つであるDは消費生活・環境についての学習であり，平成10年（1998）12月改訂の学習指導要領に比べて，その学習内容がより重視されるようになった。「幼稚園，小学校，中学校，高等学校及び特別支援学校の学習指導要領の改善について（答申）」（2008年1月）の「家庭」「技術・家庭」の改善の基本方針に，社会の変化に対応した改善として，「社会において主体的に生きる消費者をはぐくむ視点から，消費の在り方及び資源や環境に配慮したライフスタイルの確立を目指す指導を充実する」ことをあげ，さらに小学校「家庭」の改善の具体的事項では「身の回りの生活における金銭の使い方や物の選び方，環境に配慮した物の活用などの学習について，他の内容との関連を明確にし，実践的な学習活動を更に充実する」としている。

　以下では，今回の学習指導要領改訂の趣旨および学習指導要領の内容を踏まえ，それぞれの学習内容に関する指導上の留意点と学問的な背景について述べる。

(2) 「物や金銭の使い方と買物」に関する内容研究と指導上の留意点

　ここの指導ではまず第1に，社会において主体的に生きる消費者をはぐくむ視点，すなわち自立を促す消費者教育の視点を重視することが大切である。小学校では，物や金銭の計画的な使い方や身近な物の適切な購入，環境に配慮した物の使い方の工夫などができることによって，消費生活の主体性が持てるようになることをねらいとしている。主体性を持つことは，当事者意識を持つことでもある。そのためには，次のような指導の工夫が必要であろう。1．消費生活への関心や実感を持たせること。自分の生活と関わらせて具体的に，特に小学校では自分自身の学習や遊びや衣食住などの生活で使う身近な物に着目して考えさせるようにする。2．消費生活の実態を知り，客観的に物事を見ることができること。自分自身やクラスの仲間の身近な消費生活の実態を知ることや，家庭や地域・社会における消費生活の実態について視野を広げて知ることによって，客観的に自分の消費生活を見つめ直す機会を持たせることが大切である。3．自分で考え意思決定ができるようにすること。身近な消費生活の課題に気付き，課題の解決のために熟考し結論を出すという意思決定の思考パターンを身につけさせたい。

　第2は，金銭教育を視野に入れた消費者教育の視点から，物や金銭の大切さについて実感させながら，限りある物や金銭を生かして使う必要性や方法を学習させることが大切である。その学習には健全な金銭感覚を養うこと，労働の対価としてのお金の価値を知ること，物や金銭を大切にすること，計画的な消費と貯蓄を含む生活設計の基礎を学ぶことなどの内容が含まれる。

　以下，消費者教育の理念と方法，消費者教育と関連が深い金銭教育の概要について述べる。これらは主に学習指導要領に示されている内容に関する学問的な背景であるので，児童の発達段階や生活実態に即して具体的な教材を考えるとよい。

　① 消費者教育の理念と方法

　　消費者教育とは何か。ここでは消費者教育の定義，内容や方法等について概観する。消費者教育について学ぶ場合には，上述のような消費者政策

としての推進とその成果を知るとともに，日本消費者教育学会における研究の成果も見過ごすことは出来ない。日本消費者教育学会は，学会創立25周年記念事業として『新消費者教育 Q&A』(2007年)を発刊し，消費者市民の形成に向けての基礎知識を簡潔にまとめて示している。

ア　消費者教育の定義

　消費者教育は，「消費者が商品・サービスの購入などを通して消費生活の目標・目的を達成するために必要な知識や態度を習得し，消費者の権利と役割を自覚しながら，個人として，また社会の構成員として自己実現していく能力を開発する教育」[1]である。そして，「消費者教育においては，消費者が各自の生活の価値観，理念（生き方）を個人的にも社会的にも責任が負える形で選び，枠組みできること，経済社会の仕組みや商品・サービスについての知識・情報を理解し，批判的思考を働かせながら選択対象をトレード・オフし，合目的的に意思決定できること，そして個人的・社会的に責任が持てるライフスタイルを形成することなどが意図されている」[2]。消費者教育は，消費者の自己利益を図る個人的・経済的な意思決定能力と，市場参加や政策への意思の反映などを通して社会的な利益を図る公共的・社会的意思決定能力を，すなわち生活環境適応能力と生活環境醸成能力を開発する教育でもある。さらに市場における商品・サービスの購入・消費に関わるバイマンシップ (buymanship) の育成だけでなく，国際社会や地球環境まで視野に入れたシチズンシップ (citizenship) を涵養するものであり，人間としての生き方の教育を含むものである。

イ　消費者教育の内容

　消費者が生涯にわたってどのような内容を学ぶべきかについて，これまで様々な見解があったが，内閣府を中心に消費者教育の体系化の検討が行われ，「消費者教育の総合的推進に関する調査研究報告書」(平成19年3月)がまとめられた。表4-5-1の消費者教育の体系シートでは，消費者教育の内容は「安全」「契約・取引」「情報」「環境」の4つの領域としており，「安全」「契約・取引」を中心とした従来の消費者教育の内容に，消費者基

本法の内容に沿って「情報」と「環境」の領域が加えられている。さらに体系シートでは，「幼児期」「児童期（小学生）」「少年期（中学・高校生）」「成人期」「高齢期」の5つのライフステージごとにその内容が示されている。これは消費者教育が，消費者の年齢やその他の特性に配慮して行われなければならず，なおかつ消費者が生涯にわたって消費生活について学習する機会が求められている状況に配慮し作成されている。なお「児童期（小学生）」は，身の回りの範囲にあるモノなどを適切に扱うことができる能力の育成が望まれる時期としている。そして消費者教育全体の目標として，「目標①：消費生活に関して，自ら進んで必要な知識を修得し，必要な情報を収集する等自主的かつ合理的に行動できる消費者の育成」「目標②：消費生活に関して，環境の保全及び知的財産権等の適正な保護に配慮する消費者の育成」をあげ，さらに4つの領域別の目標を示している。

　この消費者教育の体系シートに照らしてみると，小学校の学習指導要領の内容の中心には「契約・取引」「環境」の学習が取り上げられているが，簡単な表示やマークを理解する「安全」に関する内容や，購入しようとする物の品質や価格などの情報を集める「情報」に関する学習も含まれていることがわかる。

ウ　消費者教育の方法

　学校教育における消費者教育の位置づけには，消費者教育が独立した教科や科目として時間割の中に位置づけられている独立方式と，既存の教科や学校教育全体の中で適宜行われる統合方式がある。日本の場合は統合方式で消費者教育が行われている。そして消費者教育の指導は大別して，指導者中心の講義方式と学習者中心の体験方式がある。体験方式には，ゲーム方式，シミュレーション方式，ケース・スタディ法，ロールプレイング法などがあり，一般的に体験方式のほうが消費者教育の効果が高いと言われているが，目的に応じて講義方式と体験方式を組み合わせてより効果をあげるように考える必要がある。

　また，消費者教育を行う場合に，消費者の視点で行うのか生産者の視点

表4-5-1 消費者教育の体系シート ── ライフステージに応じた領域別目標 ──

◆消費者教育の理念:「自立した消費者」をめざし
目標①: 消費生活に関して，自ら進んで必要な知識
目標②: 消費生活に関して，環境の保全及び知的財

領域別の目標	安　全			契約・取引		
	①商品(食品を含む)の安全性等に関する情報を確認し，生命・健康への影響に配慮して，商品を選択・利用できる。 ②商品による事故・危害に適切な対処ができる。 ③安全に暮らせる社会を目指し，消費者の安全を確保するために協力して取り組むことができる。			①自己の必要性を満たすために，適切に判断し，合理的な選 ②家計を適切に管理し，合理的な生活設計やお金の使い方が ③契約の意味・内容や契約上の権利と義務を理解し，契約を ④トラブルにあったときに適切な対処ができるとともに，安できる社会を目指し，協力して必要な取り組みができる。		
ライフステージ						
幼児期	①安全な物を選んで正しく使えるように，身近な人に聞くことができる。	②身近な人に怪我や痛みを伝えることができる。		①欲しい物を手に入れたり，やりたいことをするときに，よく考えることができる	②先の事も考えてがまんをすることができる。	③約束や決まり事を守る習慣が身につく。
児童期 (小学生)	①商品を安全に扱うための基本的なきまりを守ることができる。また，身の回りの商品の安全性に関するマークや品質表示に気づくことができる。	②身の回りの商品の被害を身近な人に説明できる。		①身の回りの商品を買うときに，必要性を考えた上で，価格や品質を比較することができる。	②小遣いを家族と相談して計画的に使うことができる。	③約束や社会のきまりを守ることができる。
少年期 (中学・高校生)	①日用の商品のマークや品質表示などの意味を理解して，集めた情報の中から，安全な商品を選び適切な取り扱いができる。	②日用の商品による事故・危害に応じた相談機関を利用できる。	③商品の安全性，消費者の安全を確保するための取り組みを知り，法律や制度に関心をもつことができる。	①日用の商品を買うときに，必要性や価格・品質などを比較検討して選択できる。	②家計や将来の生活を考え，買い物の購入計画を立てたり，貯金などを有効に活用できる。	③契約の意味と基本的なルールや仕組み(契約当事者としての権利と義務等)を理解し，適切な消費行動ができる。
成人期	①日常および社会生活の中で利用する商品の安全性に関する情報を集めることにより，安全な商品を選んで使うことができる。	②商品の欠陥等で事故・危害にあったときに，被害救済の制度・機関を活用できる。	③安全な商品が提供されるように社会に働きかけていくことができる。	①自己の必要性や所得を考慮し，選択肢での費用と効果を検討して選択することができる。また，リスクとリターンを考慮して金融商品を選ぶことができる。	②家計の支払い能力や将来の生活を考えて，貯蓄や保険，クレジット(ローン)を適切に利用することができる。	③契約の意味と基本的なルールや法律・制度等(契約当事者としての権利と義務等)を理解し，契約の内容を十分確認した上で契約ができるとともに，契約したことを誠実に履行することができる。
高齢期	①心身の状況に応じて，安全な商品を選んで使うことができる。	②商品による事故・危害を身近な人に相談できる。	③心身の状況に配慮した安全な商品を提供する取り組みに協力できる。	①自己の判断・選択での不安に備えて，身近な人の協力が得られるようにしておくことができる。	②自らの年金や資産の状況を把握して，家計運営に活かすことができる。	③契約する際に，契約の内容をよく確認した上で契約することができる。

【備　考】 (1)本体系シートは，消費者教育の全体像，体系的関係が見通せるように，対象領域ごとのライフステージに応じた消費者教育の目標
(2)消費者教育では，消費生活に関わる実践力を身につける必要があることから，「～できる」といった実績的な目標を掲げています。
(3)ライフステージに応じて，「身の回りの商品」「日用の商品」「日常および社会生活の中で利用する商品」などとしているのは，消費
(4)高齢期を四角で囲っているのは，社会人期の中でも特に高齢者に対して設けた目標を示しているためです。

4章　家庭科の教材研究

	情　報				環　境		
ができる。	①情報通信を消費生活の向上に役立てることができる。				①商品の購入段階において，商品の環境に関する情報を確認し，環境への影響に配慮した商品を選択できる。		
きる。	②個人情報を適切に管理し，自他の権利や利益に配慮して情報通信を適切に活用できる。				②商品の使用・廃棄段階において，物を大切にするとともに，消費生活が環境に及ぼす影響を認識し，適切な対処ができる。		
実に履行できる。 して契約・取引が	③知的財産権に配慮して，他人の創作物などを利用できる。				③持続可能な社会を目指し，消費生活に関わる環境保全の取り組みに協力して取り組むことができる。		
④身の回りの物に関する不安や心配ごとを身近な人に伝えることができる。		②知らない人には自分や家族の情報を話さないようにすることができる。	③自分や友人の作品を大切にすることができる。	①身近な人に環境マークなど環境に関する情報を聞くことができる。	②身近にあるものの使い方や捨て方について，身近な人から教わったり聞いたりすることができる。	③保護者と一緒に環境保全に関わる地域の活動などに参加できる。
④身の回りの商品の購入で不安になったときは，身近な人に説明し，解決方法を相談できる。	①情報の収集などの際に情報通信を適切に活用できる。	②情報通信を活用する際に自分や身近な人の情報を大切にすることなどの配慮ができる。	③独創性や人のアイディアを尊重することができる。	①身の回りの商品に，環境に関するマークなどの情報があることに気づくことができる。	②自分の消費生活が環境に影響を及ぼすことに気づき，身の回りの商品の使用・廃棄について適切な対処ができる。	③身の回りで取り組まれている環境保全活動の方法を話し合ったり，参加したりすることができる。
④契約・取引のトラブルにあったときに，消費者のための法律・制度を活用したり，身近な人や相談機関に相談することができる。	①情報通信の利便性を理解し，情報の収集・発信などの際に情報通信を適切に活用できる。	②情報の収集・発信の際に起こる問題や解決方法などを理解して，管理し，自他の権利や利益に配慮して情報通信を適切に活用できる。	③作品や商品には知的財産権があり，法律で保護されていることを理解し，知的財産権に配慮して他人の創作物などを利用できる。	①日用の商品のマークの意味を理解し，環境に配慮した商品を選ぶことができる。	②消費生活が環境に及ぼす影響を理解し，日用的商品の使用・廃棄について適切な対処ができる。	③国内や国際的・地球規模の環境問題と消費生活との関連に関心をもち，それらに関わる環境保全活動に参加・協力できる。
④契約・取引のトラブルが生じたときに，消費者のための法律・制度を活用したり，相談機関に相談することができるとともに，安心して契約・取引できる社会を目指し協力して必要な取り組みができる。	①情報通信の利便性を広く日常生活のなかで理解し，情報の収集・発信，商品の購入，契約・取引などの際に情報通信を適切に活用できる。	②個人情報の流出による被害や社会的責任を自覚し，個人情報を適切に管理するとともに，情報の収集・発信の際に起こる問題や解決方法などを理解して，自他の権利や利益に配慮して情報通信を適切に活用できる。また，安心して情報通信が利用できるように社会に働きかけていくことができる。	③知的財産権を守った商品を購入することにより，正規商品の提供者を支持し，不正商品を市場から排除する取り組みに協力できる。	①日常および社会生活の中で利用する商品のマークや品質表示などを理解し，環境に配慮した商品を選ぶことができる。	②日常及び社会生活の中で利用する物について，使用・廃棄について適切な対処ができる。	③次世代へのつながりを考慮し，環境問題に対する社会的な取り組みとしての活動に参加・協力できる。
④契約・取引で心配や不安があるときに，身近な人に相談したり，高齢者支援のための制度や組織を利用できる。	①心身の状況に応じて情報通信を活用して商品の購入等ができる。	②心身の状況に応じて，個人情報を守り，自他の権利や利益に配慮して情報通信を適切に活用できる。	③これまでの経験・知恵を知的財産として活かすことができる。	①環境に関する新たなマークや表示等へ関心をもち，商品の選択に利用することができる。	②商品の使用・廃棄段階における環境への影響に配慮して新しく制定された社会的ルールなどを理解し，ルールの使用・廃棄について適切な対処ができる。	③環境保全に関する生活上の知恵や工夫を次世代に伝えることができる。

〈資　料〉「消費者教育の総合的推進に関する調査研究報告書」（平成19年3月）

で行うのかについて意識的に考え，学習内容に応じて学習の視点を工夫するとよい。一般的に消費者教育を行う場合，消費者の視点から消費生活のしくみを学習することが多いが，生産者の視点から生産や流通のしくみや商品情報のあり方を学習することは，生産者が何を意図し，消費者が何を求めているのかを知ることができ，消費者にとっての商品の価値，商品情報のあり方などを考える目を養うことになる。製作したエプロンに繊維製品表示ラベルをつけたり，ポップコーンのパッケージを作ることなど，すでに生産者の視点を意識した消費者教育の実践がある[3]。また，生産と消費を対立した概念としてとらえるのではなく，プロシューマー（prosumer 生産＝消費者）[4]の視点から，生産から消費までの全体の流れの中で消費生活をとらえさせることも大切である。

エ　消費者教育の手法

現代の経済社会のしくみの中で，消費者は消費に関するマネジメントの能力の開発を求められることから，消費者教育の本質理念とホーム・マネジメントの本質理念には共通性がみられるとし，そしてその本質理念とはマネジメント＝意思決定であると考えられている。このアメリカのホーム・マネジメントの理論と手法は，1960年代後半に日本に紹介され，消費者教育においても取り入れられてきた。図4－5－1，表4－5－2は，1970年代前半に日本の家政学に導入され，その後よく用いられるようになった螺旋方式の消費者教育のモジュールを今井光映が整理し直したものである。

図4－5－1は意思決定過程をシステム化したもので，インプット，プロセス，アウトプット，フィードバックというプロセスとしてとらえ，結果としてライフスタイルの質が決定されるとしている。インプットは，価値，動機，目的，ニーズ，情報，資源，性格などの批判的意思決定に必要な基本的な入力要素のことで，プロセスの段階でこれらを投入して意思決定の過程を作動させる。プロセスにおいては，問題の自覚，解決策のアイディア，価値づけ，比較考量，決定，責任の自覚という手順を踏みながら，

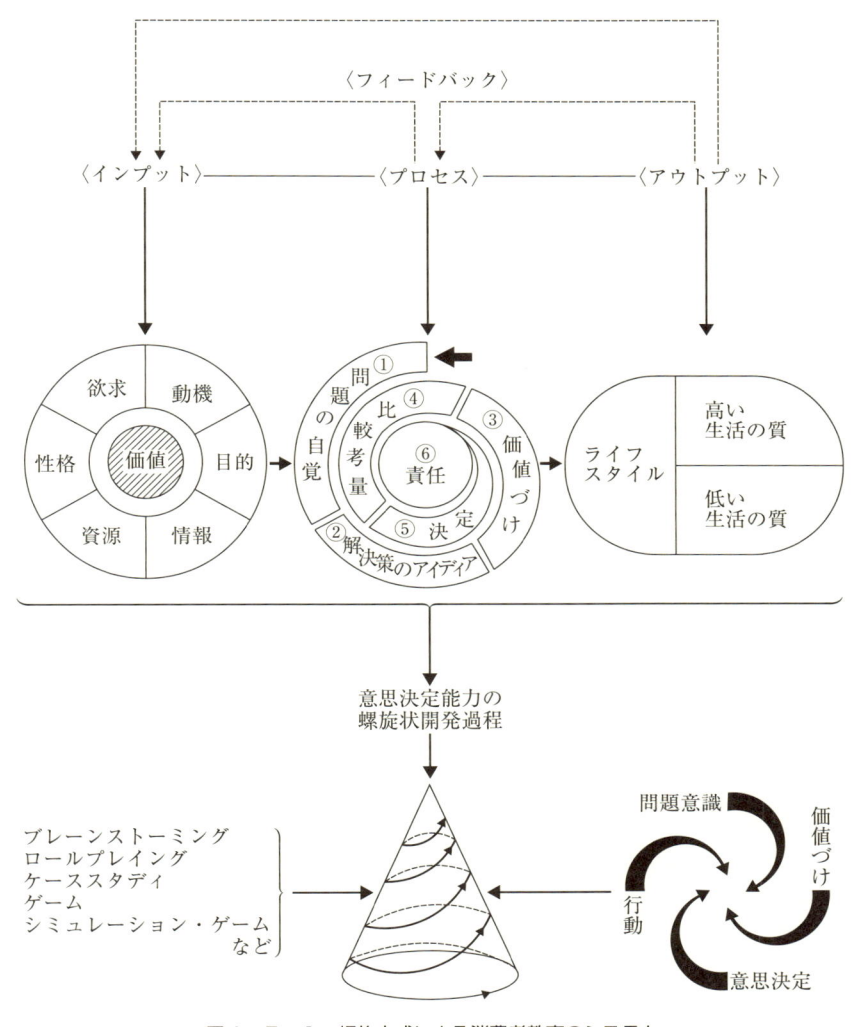

図4−5−1 螺旋方式による消費者教育のシステム

〈出典〉 *Consumer Education Curriculum Modules : A Spiral Process Approach.* North Dakota States University, 1974を参考に作図。
〈注〉 「消費者教育の方法」(『家政学と消費者教育』中部家庭経営学研究会ミメオグラフ)(1974)で,著者今井が初めてこのSpiral法を紹介した。その後,田村咲江教授の紹介や藤枝惠子教授・内藤道子教授などの展開がある。
〈資料〉 今井光映・中原秀樹編(1994)『消費者教育論』p.158 有斐閣

表4−5−2 螺旋方式による消費者能力開発のシステム要素

<table>
<tr><td rowspan="8">インプット</td><td colspan="2">批判的意思決定に必要な基本的入力要素</td><td></td></tr>
<tr><td>①</td><td>価　　値</td><td>人間として生きる上でどのような意味があるかなど</td></tr>
<tr><td>②</td><td>動　　機</td><td>他人が購入したから自分も購入するかなど</td></tr>
<tr><td>③</td><td>目　　的</td><td>購入してどうしようとしているのかなど</td></tr>
<tr><td>④</td><td>ニ ー ズ</td><td>「欲望」と「必要」(ニーズ) の区別など</td></tr>
<tr><td>⑤</td><td>情　　報</td><td>必要な，正しい情報を得ているかなど</td></tr>
<tr><td>⑥</td><td>資　　源</td><td>予算の関係はどうかなど</td></tr>
<tr><td>⑦</td><td>性　　格</td><td>意志の弱い性格かどうか</td></tr>
<tr><td rowspan="8">プロセス</td><td colspan="2">インプット要素を投入して意思決定の過程を作動させる</td><td></td></tr>
<tr><td>①</td><td>問題の自覚</td><td>購入の必要性に迫られた</td></tr>
<tr><td>②</td><td>選択対象(解決策)のアイディア</td><td>購入するか，するとすればどのような選択対象や方法があるか</td></tr>
<tr><td>③</td><td>情報収集と分析</td><td>必要な情報を集め，分析する</td></tr>
<tr><td>④</td><td>価値づけ</td><td>人間として生きる上での自己の価値の優先順位を決める</td></tr>
<tr><td>⑤</td><td>比較考量</td><td>自己の価値にてらして選択対象を比べる</td></tr>
<tr><td>⑥</td><td>１つに決める</td><td>複数の選択対象・方法から１つに決める</td></tr>
<tr><td>⑦</td><td>責任の自覚</td><td>決めたことに責任をとる</td></tr>
<tr><td colspan="2">アウトプット</td><td colspan="2">意思決定の結果の状態。消費者トラブルに巻き込まれていないか，購入して満足しているか，など</td></tr>
<tr><td colspan="2">フィードバック</td><td colspan="2">アウトプットからみて，意思決定過程の段階で，自己の価値にてらしてどうか，目的，動機，情報は十分であったか，など，プロセスさらにはインプットへ立ち返って反すうし，次の同様な状況への向上的な過程とする。</td></tr>
</table>

〈出典〉　今井光映（1983）「消費者保護と消費者の役割」（日本消費者教育学会編『消費者保護論』p.202〜216　光生館）などに発表したものを表に整理した。
〈資料〉　今井光映・中原秀樹編（1994）『消費者教育論』p.159　有斐閣

　消費者としての意思決定を行っていく。このプロセスの展開場面においては，ブレーンストーミング，ロールプレイングなどの体験的で効果的な指導方法の工夫が必要となる。アウトプットは，意思決定とそれに基づく行動の結果を示すもので，よりよいアウトプットは，自己実現と高い生活の質の実現を可能にする。フィードバックは，アウトプットの状態によってインプットやプロセスの段階に立ち返って意思決定を見直し，次の有効な

意思決定過程となるようにすることである。このように意思決定過程をシステム的にとらえることは教育場面における意思決定のための授業の手順を明確にすることになり，具体的な授業の手立てをイメージしやすくなる。

インプット要素の一つとして示されているニーズは，欲しいと思ったものが本当に必要なものか否か，すなわちそれは「欲望（wants）」（単に欲しいと思っただけなのか）と「必要（needs）」（本当に必要なものか）を見極めることである。消費者教育においては，買うことを大前提としてよりよい買い物の仕方を教える単なる買い物論ではなく，まずニーズとウォンツを見極めさせる意思決定論のプロセスが大切である。多くのものを持っている子どもたちが，物を有効に活用し，計画的にお金を使うためにも，そして循環型社会の形成を視野に入れた消費者としての意思決定を行うためにも必要なことである。

② 消費者教育と金銭教育

学習指導要領の内容として示されている「物や金銭の大切さに気付き，計画的な使い方を考えること」は，金銭教育としてとらえることができる。金融広報中央委員会を中心に，金銭教育についてはこれまで約30年以上の実績があるが，同委員会は平成14年（2002）に「金融に関する消費者教育の推進にあったての指針」をとりまとめた。その指針において，金融教育は金銭教育，経済教育，キャリア教育，消費者教育など幅の広い内容を含むものとしており，金銭教育は金融教育の一部として位置づけられている。また金融教育及び金銭教育は，消費者教育や環境教育と関連する内容を含むものとして示されている。ここでは，小学校の学習指導要領に示された内容に，より焦点化されている金銭教育について概観する。

ア　金銭教育の概念

金銭教育は「健全な金銭感覚を養い，ものやお金を大切にし，資源の無駄づかいを避ける態度を身に付けさせ，それを通じて自立して生きることができ，社会形成者としてふさわしい人間形成を目指す教育」[5]である。そして金銭教育は消費生活に関わるところが大きいため，消費者教育とし

て賢い消費者を育てることにも重要な役割を果たすこと，消費者教育と関連づけてより一層効果を高めることが期待されると言われている。

　イ　金銭教育の目指すもの

　　金銭教育が目指す能力や態度の育成として，「学校における金銭教育の進め方」（金融広報中央委員会）には，以下のような項目が示されている。

　ⅰ）金銭を活用する態度

　　　１．健全な金銭感覚の育成　　２．物や資源を大切にする心の育成

　ⅱ）金銭と生活に関して

　　　１．完全な消費生活の能力の育成　　２．生活設計能力の育成

　ⅲ）金銭と社会の関わりに関して

　　　１．金銭の機能の理解　　２．健全な勤労観と感謝の気持ちの育成

　　　３．貯蓄の理解と貯蓄する習慣の育成

　ⅳ）人間形成における金銭の活用に関して

　　　１．保護者は子どものモデル～しつけから人間形成に向けて～

　　　２．社会連帯感の育成と未来社会の担い手の育成

　　これらの金銭教育の目指すものにおいては，お金の働きを知り，健全な金銭感覚を身につけることを基礎として，生活設計や家計管理教育，消費者教育，環境教育，キャリア教育，シチズンシップ教育などへと，お金に関わって学習が広く展開できる可能性がある。

(3)　「環境に配慮した生活の工夫」に関する内容研究と指導上の留意点

　　ここでは，環境を視野に入れた消費者教育の視点から，資源や環境に配慮したライフスタイルの確立を目指す指導を充実することが大切である。学習指導要領においては，現代の消費生活が環境と深く関わっていること，自分の生活が身近な環境に与える影響や環境から受ける影響に気付き，主体的に生活を工夫できる消費者としての素地を育てることが意図されている。ライフスタイルは，消費生活に関わる日々の意思決定と，それに基づく行動の積み重ねの結果である。質の高いライフスタイルの実現のためには，よりよい意思決定ができ

るような思考パターンを身につけるとともに,「実践的・体験的な学習活動」や「自ら課題を見いだし解決を図る問題解決的な学習」によって実践力を身につけさせたい。

　環境の保全を視野に入れた消費者教育は,環境教育としてもとらえることができる。ここでは,環境教育について概観するとともに,消費者教育との関わりについて述べる。

　① 環境教育の概念

　　日本における環境教育は,1960年代の公害教育と自然保護教育に端を発しており,1970年代中頃から環境教育の取組みが活発化している。環境教育における「環境」は,自然環境と社会環境を含めた総合的な事象である。そして,今日単なる自然環境の保護だけでなく,社会的・文化的環境を取り込みながら,貧困,人口,健康,人権,平和などを包含する「持続可能な社会のための教育」としてその概念を広げている。環境教育は,「環境基本法」(1992年)に位置づけられるとともに,平成16年(2004)には「環境の保全のための意欲の増進及び環境教育の推進に関する法律」(環境教育推進法)が制定されるなど,循環型社会形成のための法整備とともに重要な戦略として位置づけられている。

　② 循環型社会の概念

　　国は平成12年(2000)度を「循環型社会元年」として位置づけ,「循環型社会形成推進基本法」(2000年6月)を制定した。循環型社会を形成することは,これまでの「大量生産・大量消費・大量廃棄」型の社会から「最適生産・最適消費・最適廃棄」型の社会へ転換することによって,持続可能な社会を形成することである。

　　「循環型社会形成推進基本法」では,廃棄物対策とリサイクル対策を総合的・計画的に推進するため,次のようにごみ処理やリサイクルの取組みの優先順位を示している(図4-5-2)。

　１．出てくるごみをできるだけ減らす(発生抑制)
　２．不要になったものを繰り返し使う(再使用)

3．再使用できないものは，資源としてリサイクルする（再生利用）
4．資源として使えないものは，燃やしてその熱を利用する（熱回収）
5．循環的な利用ができないものは，きちんと処分する（適正処分）

　循環型社会を形成していくためには，社会経済システムの根本的な見直しが必要であるが，それと同時に，我々のライフスタイルの見直しも不可欠である。そして個人的・経済的利益と公共的・社会的利益の調和を図りながら，環境にやさしいエコライフスタイルを形成していくことが課題である。グリーンコンシューマー（green consumer）は，「環境にやさしいライフスタイルを実践する消費者」として生活全般にわたって環境配慮型の行動を取る人を指す場合が多いが，本来は「環境を大切に買い物をする人」を意味している[6]という。そして環境に配慮した行動を取るためには，ま

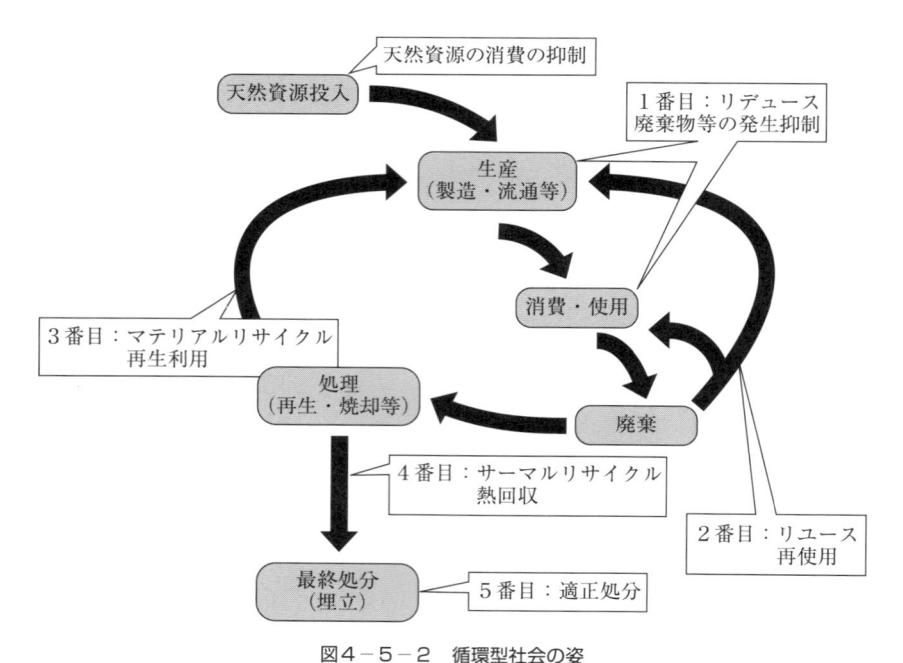

図4-5-2　循環型社会の姿

〈資料〉　環境省『平成19年度環境・循環型社会白書』p.209　ぎょうせい

ず循環型社会形成推進基本法に示されたごみ処理やリサイクルの取組みの優先順位を尊重し，ゴミの発生抑制をするために余分なものを家庭に持ち込まないことが大切である。このことは，先に述べたニーズとウォンツを見極めることの必要性に通じるものである。

③　消費者教育と環境教育の関わり

　消費者教育と環境教育は密接に関わり合っている。今日の消費者問題は，「安全」「契約・取引」に関わる問題以外に，地球環境問題と関わって深刻さを増している。そこで生産―販売―消費だけでなく，使用―廃棄―再生産の段階まで視野に入れ，品質やデザインや価格などによって商品を選択する個人的・経済的利益価値だけでなく，地球環境に配慮した商品を選択する公共的・社会的利益価値の自覚と責任を果たすことが消費者に求められている。今日，水や空気，日光などの自由財が，環境問題の悪化にともなって量と質の両面で変化をしている。良質な自由財の確保の有限性は自由財の経済財化をもたらし，自由財は市場取引の対象となった。そこで改めて，地球環境を視野に入れた消費生活の必要性が自覚されるのであり，ここに環境教育と消費者教育との接点を見出すことができる。平成3年（1991）に示された『環境教育指導資料』（文部省）の中でも，環境教育の基本的考え方として，消費者には環境に配慮した生活様式に根ざした商品選択や意思決定能力を育成していく必要があるとして，「環境教育は消費者教育の視点も併せ持つものである」ということが明記されている。

(4)　消費生活・環境の学習の発展に向けて

　以上のように，小学校の学習指導要領に示されている消費生活・環境に関する学習内容においては，消費者教育，金銭教育，環境教育などが含まれている。そこで環境教育や金銭教育それぞれの教育実践や研究成果を生かしながら，消費者教育として統合していくことを考えていくとよいと思われる。また，消費生活・環境に関する学習内容の指導は「他の内容（A・B・Cの内容）との関連を図ること」が示されている。これによって，ヒトとモノの両面から生活を

総合的にとらえることができ，また家庭科の授業全体を通して，消費生活・環境の学習が可能となる。家庭科の学習をさらに実りあるものにするためにも，他教科や総合的な学習の時間やその他学校における様々な教育活動との連携や，学校・家庭・地域との連携も視野に入れながら，消費生活・環境の学習を発展的に展開していきたい。
　　　　　　　　　　　　　　　　　　　　　　　　　　　（吉本敏子）

〈注〉
1）日本消費者教育学会編（2007）『新消費者教育Q&A』p. 7　中部日本教育文化会
2）日本消費者教育学会編（2007）『新消費者教育Q&A』p. 7　中部日本教育文化会
3）山本紀久子（1990）『消費者としての自覚を高める家庭科の授業』図書文化
　　山本紀久子（1999）『自己責任を育てる消費者教育』日本書籍
4）アルビン・トフラー（Alvin Toffler）はその著書『第三の波』（日本放送出版協会1980）の中で，生産者と消費者の両方に求められる価値を共有している「prosumer（生産＝消費者）」（「生活者」とも訳されている）の出現を予測している。「producer（生産者）」と「consumer（消費者）」を合体させた造語である。
5）金融広報中央委員会『学校における金銭教育の進め方』
　　http://www.shiruporuto.jp/teach/school/kinsen101.html
6）吉本敏子「第13章　循環型社会」，アメリカ家政学研究会編著（2008）『生活の経営と経済』p.229〜230　家政教育社

〈参考文献〉
・文部科学省（2008）『小学校学習指導要領解説　家庭編』
・内閣府国民生活局（2007）『ハンドブック消費者　2007』国立印刷局
・日本消費者教育学会編（2007）『新消費者教育Q＆A』中部日本教育文化会
・今井光映「第6章　消費者教育の効果的な手法」，今井光映・中原秀樹編（1994）『消費者教育論』有斐閣
・金融広報中央委員会（2005）『金融教育ガイドブック―学校における実践事例集―』

5章 家庭科の学習指導

1 学習指導方法

(1) 学習指導の原理

　学習指導とは，児童の学力の形成を目指した教育活動である。教科の学習を効果的，能率的に行うよう指導・助言することであり，教授・授業とも言われる。教育場面では，教師の指導のもとに学習者が教材を学習する。学習する側からすれば学習過程であり，指導する側からすれば教授過程である。そこで，学習者の学習活動と教師の教授活動を一つのまとまったものとして考え，教授—学習過程と呼ぶこともある。

　学習指導を考える場合，発達と教育との関係について検討しなければならない。ヴィゴツキー(Vygotsky, L. S.)は発達あるいはレディネスは教育に先行する，発達も教育も行動習慣の獲得の過程である，教育が発達を作り出す，という3つの考え方を示した。子どもの現在の発達水準と子どもが大人や仲間の援助のもとで問題を解決できる発達水準がある。この両者のずれの部分を発達の最近接領域といい，これは教育によって作り出されると主張した[1]。子どもの発達を促すには，最近接領域をいかにとらえ，子ども自身が学習をどのように進めていくかが問われることになる。

　ところが，これまで学校での教科学習が，子どもたちの自己形成にとってどのような意味があるのかがあまり問われなかった。したがって，子どもたちは何のために学ぶのか明確に自覚せず，学校へ行き学習するというのが現状であった。しかし，子どもたちにとって学校での学習を「意味のある学び」にすることが，教科の存在価値を認めることになる。

そこで，学習指導を展開するにあたりよりどころとなる原理[2]として，次の5つをあげることができる。

① 自発性（自己活動）の原理：学習は児童が自ら学習意欲を持ち，自発的に自己活動を展開したときにはじめて成立する。
② 興味の原理：児童の自発性や自己活動を喚起し，また学習への持続性や発展性を内面的に支えるために興味を持たせることが必要である。
③ 個性化の原理：真の学習成立には，児童が自ら興味を持ち自発的に学習活動を展開する過程において，自己を見出し，自己を個性化する過程が必要である。21世紀の学校教育に求められることは，学校を「意味ある学び」のなされる場所として蘇らせることである。そのためには，「いかに生きるべきか」という個性化のテーマと「そのためにいま何を身につけるべきか」という知性化のテーマをつなげることが重要である[3]。2つのテーマがつながったとき，児童の学びが自己実現を目指して自己を向上させ成長させようとしていくことになる。
④ 経験の原理：デューイ（Dewey, J.）は，教育とは，経験の意味を増し，その後の経験の進路を導く能力を高めるところの経験の改造，または経験の再構成であるとした。つまり，「なすことによって学ぶ」とは，まさにこのことをさしている。
⑤ 社会化の原理：子どもたちの認識の発達は，個人内では発達不可能であり，社会的要因に働きかけ，その相互作用の過程を通して，諸々の法則性や関係性を自己のものとして取り入れながら，子どもたちは成長・発達していくものである。

このような学習の5つの原理を踏まえて，家庭科の学習指導を行っていかなければならない。

(2) 学習指導の形態

学習指導形態とは，教室にいる学習者たちをどのように構成して授業を進めるかという授業の運営方法である。

① 一斉学習：教師が多くの学習者たちに，同じペースで同じ教材を指導する伝統的な学習方法である。多数の学習者に対し，少ない時間で共通の多くの内容を効率的に教えることができるという長所がある。しかし，学習者が受身的・消極的になりやすく，学習者の個性を把握しにくいという短所がある。家庭科では授業の導入やまとめに活用され，基礎的な知識の習得においては一斉指導が用いられる。

② 小集団学習（グループ学習）：学習集団を4～6名程度の少人数のグループに分け，そのグループ内での共同学習の過程で主体的に取り組ませる。グループメンバーと意見交換することにより，様々な考え方を知ることになり，思考の発展や深化が図られる。また，グループ内で協力しながら作業を進めていくことにより，学習者たちの協調性が培われる。家庭科では調理実習が代表的なグループ学習である。施設・設備の関係や調理操作に費やされる時間的な制約のためグループ学習が行われる。しかし，グループの構成メンバーのモチベーション，学習活動量，協力度に差があることが多い。そのため，グループを構成する上で配慮が必要である。グループを編成する場合，等質グループ，異質グループに分けられる。性別，能力，生活経験，技能，製作する物などが同質になるように構成した場合が，等質グループである。一方，そのような配慮をしないでグループを構成する場合が異質グループとなる。どのようなグループを形成して実習や討議などの学習活動を行うかは，学習内容，構成員の年齢，リーダーの力量などにより考慮する必要がある。

③ 個別学習：学習者が一人ひとりの能力や興味・関心に応じて，自己のペースで主体的に学習を進めていく。個別学習では集団的思考がないため思考の発展や深化，社会性を育成することがむずかしい。しかし，学習者一人ひとりには性格，意欲，知識・技能，生活経験，思考過程などに個人差があるので，個別学習は各人のペースで学習を進められることが長所である。家庭科では被服製作の技能習得，コンピュータを使用した学習などは個別学習による場合が多い。教師は机間指導しながら，常に全体を掌握し

ておかなければならない。
　しかし，授業は一つの学習形態でとどまらず，被服製作の場合は，一斉学習で導入が始まり，展開は個別学習が行われ，終末は一斉学習でまとめが行われたり，進度チェックなど個別学習が行われる場合が多い。また，調理実習は，注意事項や手順を一斉学習で確認し，グループで調理実習を行い，試食・片づけの後，ワークシートに感想などを記入する個別学習が行われる。したがって，学習内容により様々な学習形態がとられる。

(3)　学習指導法
　学習指導を行う場合，誰が主体となるかにより，次の3つに分類できる。
① 　教師の指導が主体となって，学習者が参加する形をとる：講義法，示教法，示範法など。
② 　学習者の活動が主体となって，教師が指導助言する：実験法，実習法，プロジェクト法，劇化法，調査法，見学法，研究発表など。
③ 　教師と学習者との相互に関わり合いながら学習を進める：問答法，討議法，プログラム法，視聴覚機器を使用する方法など。
　上記の事例のうち，家庭科で導入する代表的な学習指導法について説明する。

　ア　講義法
　　古くから行われている指導法であり，多数の児童に対し，系統的な知識や情報等を伝達するため一斉指導する場合に用いられる。児童の主体的な学習を妨げやすいので，教師は話す速度や発問の仕方，板書などを工夫しなければならない。

　イ　示教法
　　実物・標本・模型などを見せたり，触れたりさせて児童の直感に訴えて学習を進める，いわゆるオブジェクトレッスン (object lesson) といわれる。児童に提示物を示し，児童の知識や理解を高めるため，講義法の補助手段として用いられる。
　　提示物として，図表，掛図，写真，食品模型，住居模型のほかに次のよ

うなものがある[4]。
ⅰ）実物大標本

　被服製作実習のときに，作品が完全に製作されている完成標本を見せることは，児童が学習意欲やめあてを持つことにも効果がある。実物で示しにくいものや保存ができにくいものなどは，写真やスライド，ピクチャーフードなどを用いるとよい。

ⅱ）拡大標本

　一斉指導のとき，実物が小さくて見えない場合に拡大して示す。何倍の拡大であるかを明らかにし，誤解がないように注意する。

ⅲ）縮小標本

　実物が得られないときに，$\frac{1}{2}$か$\frac{1}{4}$の縮尺で標本を作って提示すると児童の理解を得られやすい。このときも縮尺を明らかにすることに留意する。

ⅳ）部分標本

　実習教材の技能を習得する際，児童に必ず理解させたい部分を標本にしたものである。この標本を見ながら，児童は自学自習することができる。

ⅴ）段階標本

　製作過程の段階を追って技術のポイントをおさえて作った標本である。部分標本も段階標本も児童の参考になるように多数用意し，少なくともグループの数程度は準備するとよい。

ⅵ）材料標本

　食品・洗剤・繊維・布・建材などの標本である。これらの標本は変質・変色しないように，またすぐに利用できるように管理しておく必要がある。

ウ　示範法

　実習や実験などの実践的学習において，教師が児童の前で手本を見せることで取り組みやすく，理解が増す学習指導法である。デモンストレーシ

ョン（demonstration）ともいい，教師の優れた示範は児童の技能習得の意欲を引き出し，技能の習熟にもつながる。したがって，教師は絶えず技術の練習をし，児童に示範できるように研鑽を積まなければならず，教師の力量が問われるところである。

エ 実験法

　実験により科学的知識や理解の定着を図ることを目指した指導法である。教師がやって見せる教師実験（示範実験）と児童が行う学習者実験がある。また，事実かどうかまず実験を行い理論を誘導する発見実験と，先に理論を教えそれを証明する検証実験（証明実験）とがある。児童が学習したことを家庭生活に役立たせることが学習の有用性につながるため，家庭科の実験は，日常，児童が使用している用具を使って行うことが望ましい。例えば，ボール，鍋，コップなど日常使用している物を使って実験をすることにより，家庭科の学習が児童の生活に還元されやすいからである。

　また，小学校家庭科の実験例として，炊飯実験，卵の熱凝固性の実験，汚れた布ときれいな布の吸水実験，布の通気性の実験，通風実験などがある。

　実験を指導する場合，教師は事故防止に留意することはいうまでもないが，教師実験によりその結果を観察させるのか，学習者実験にするのかを見極める必要がある。

オ 実習法

　実際に児童が体や手指を使用して，物に働きかけ，様々なことを学んでいく学習活動である。衣生活の製作学習や調理実習がそれにあたる。児童に主体的に取り組ませることが必要であり，そのためには実習に適した施設や設備及び使用する道具や器具の管理をしなければならない。

　学習指導要領には次のように示されている。

> 実習の指導については，次の事項に配慮するものとする。
> (1) 服装を整え，用具の手入れや保管を適切に行うこと。
> (2) 事故の防止に留意して，熱源や用具，機械などを取り扱うこと。

(3) 調理に用いる食品については，生の魚や肉は扱わないなど，安全・衛生に留意すること。

　家庭科は実践的・体験的な活動を通して学習することを特徴としているので，製作や調理などの実習を安全かつ効果的に進めるために，事故の防止に留意する必要がある。また，調理実習では，汚れがわかりやすい清潔なエプロンなどを身につけさせたり，袖口をまくったり，腕カバーを着けたり，髪の毛などが食品や調理器具などに触れないように三角巾を着けるなど，服装を整えることを指導する。

　用具の手入れではこんろ，庖丁，まな板，ふきんなどの調理実習で使用する用具の衛生的な扱いや保管，さらに針，はさみ，アイロン，ミシンなどの製作用具の安全な保管方法を適切にすること，熱源，用具，機械などの扱い方や用具の配置の仕方が仕事の能率や事故の防止につながることに気付かせるように配慮する。

　調理実習では，調理に用いる材料は安全や衛生に十分留意して扱うことを徹底し，選択するようにする。児童が家庭から持参する場合は，実習の前に指導者が腐敗していないか匂いや色などを確かめたり，実習時間までの保管に留意しなければならない。特に，生の魚や肉については調理の基礎的事項を学習しておらず，扱いや衛生面での管理がむずかしいので用いないようにする。卵を用いる場合には，新鮮であることを確認し，加熱調理をするように指導する。

　家庭科で技能学習を進めていくに当たり，基礎・基本の技能はすべての子どもに習熟させたい。また，一人で行うことより，みんなと一緒に行うことで強制感を軽減させ，相互啓発しながら，技能の質を高めていけるよう支援していく。そのためには，技能の陶冶にふさわしい家庭科の指導者の力量を高めることが必要であり，他の熟練した指導者の支援も取り入れていくことが要請される。

カ　プロジェクト法

　構案法ともいい，キルパトリック（W. H. Kilpatrick）によって理論化され

た。戦後の教育改革のときに，アメリカの指導のもと，家庭科にも導入された。現在は高等学校の家庭科に「ホームプロジェクトと学校家庭クラブ活動」として設定されている。プロジェクトは，学習者が生活の中にある解決したいという目的のある課題のことをさし，学習者自身がとらえた課題である。課題を見つけ，解決のために計画を立て，それに沿って実践し，その結果を評価するというプロセスをたどる。この実践段階では，単に理論的に考えるだけでなく，物を製作したり，仕事をしたりして現実的に解決することが重要である。ホームプロジェクトは，高等学校で指導されているが，児童が2年間の家庭科学習の集大成として，第6学年でホームプロジェクトを取り上げて研究発表することも，家庭科の効果的な学習となるであろう。

キ　劇化法

児童が登場人物になりきって劇を演じながら，心理的な動きを考えるのに用いる。家族や家庭生活の学習や消費者教育を指導するときに，それぞれの役割を持つ人物になって演ずる場合をロールプレイングという。ロールプレイングは数人の児童が演じる劇の中で，他の児童たちが「自分だったらどうするか」「どう答えるか」など，自己に置き換えて考えることが必要である。そのため，ワークシートを用意し，演じていない児童にも考えさせる工夫が必要である。

ク　調査法・見学法

家庭科の授業は学校内だけでなく，学校外の施設など，例えば商店，工場，公共施設，保育園・幼稚園などを見学して，児童の目で実態を調べたりすることが必要である。また，その結果を発表し合い，児童同士が知識や経験を共有する。教師は調査や見学をする場所と予め相談をし，児童が効果的な活動ができるよう準備をしておかなければならない。さらに調査・見学した担当者に報告するなど事後の活動にも配慮する。

調査学習は，観察調査，面接調査，質問紙調査に大別され，それぞれ特徴がある。家庭科の学習として，生活時間調べ，家庭の仕事調べ，ゴミの

種類，献立調べなどの題材がある。

　ケ　研究発表

　学習指導要領には，言語を豊かにし，知識及び技能を活用して生活の課題を解決する能力をはぐくむ視点の重視が示されている。特に，学習した知識及び技能を活用し，思考力・判断力・表現力等の生活の課題を解決する能力を育成する視点から，衣食住など生活の様々な言葉を実感を持って理解することが，強調されている。また，自分の生活における課題を解決するために，言葉や図表，概念などを用いて，生活をよりよくする方法を考えたり，実習などで体験したことを説明したり，話し合ったりするなどの学習活動を充実するように配慮することが求められている。

　コ　問答法

　教師から児童への発問と児童から教師への質問により授業が成立している。教師からの発問の留意点[5]として，1．簡潔で要を得ている，2．授業目的との関連が明確である，3．子どもの多様な思考を引き出す，4．思考の対立・不調和を引き出し，思考を発展させる，5．生徒の発達段階・能力に適合している，6．クラス全員の思考活動を誘導するなどがあげられている。

　教師と児童との応答の中で共に生きる時間が授業だから，「問いと答え」は，児童の1．学習意欲をかきたて，2．学習行動を喚起し，3．学習の行動持続を促し，4．学習の行動強化に向けて，5．学習の成就感を味わわせ，6．生きる自信を持たせること[6]になる。

(4)　家庭科の学習指導の特質

　家庭科の教科目標に示されているように，まず，実験・実習，製作，調査などの実践的・体験的な学習活動を通して，家庭生活に関心を持たせ，仕事の楽しさや完成の喜びを体得させる。「わかった，できた」という達成感や課題遂行についての自信ともいえる自己効力観を持たせるようにするとよい。「成功経験を増やし，自己効力感を高めることが，学習の達成には有効である[7]」と

言われているからである。

　動機づけには,「先生にほめられたので,もっと上手にやろう」や「シールが欲しいので,参加する」などの外的な報酬や罰などの外的動機づけがある。教師が「よくできたね」というほめ言葉や具体物など,子どもが快と感じる程度が高いほど学習が容易に形成される。したがって,製作学習などでは,このようなやる気を誘発する指導を心がけたい。

　次に,生活事象の認識を深める学習指導を心がける。生活事象を認識するプロセスの中で児童が疑問や戸惑いを感じ,内部矛盾を引き起こす。「なぜそうするのか,どうすればよいのか」と試行錯誤を繰り返し,生活を営む上で生じる課題に対して,児童なりの判断をして課題を解決することができる能力の育成を目指す学習指導を取り入れる必要がある。このことにより,児童は生活に関心を持ち,生活者としての自覚が芽生えてくる。

　また,上記で触れたが,課題解決能力の育成を目指す学習を進めていく。家庭科の学習にかりたてる動機づけとは,目標である課題の理解や解決に向けて学習に取り組み,課題を理解したり,解いたりしたときの満足感や評価によって,新たな課題に挑戦する意欲を持ち,それが学習の原動力にもなる。課題に対して解決のための仮説をたて,児童なりに推論をし,それが正しいか検証をしてみる。そして学習活動の中で課題を解決する努力をし,児童自身の生活に適応させていくことが家庭科の学習効果になる。

　中間[8]は参加型アクション志向学習方法として,共同思考学習法,想定事例についての問題解決学習,現実課題についての問題解決学習の3つに分類して具体的な事例をあげている。例えば,バズ・セッション,ブレーン・ストーミング,インタビュー,KJ法,NIEなどの共同思考学習法,ディベート,ロールプレイ,ゲームなどの想定事例についての問題解決学習,ホームプロジェクト,フィールドワーク,ワークショップなどの現実課題についての問題解決学習をあげている。このように様々な学習指導の方法があるが,学習内容によって,あるいは習得させたい知識・技能によって学習指導法を変えていくことが必要である。

　　　　　　　　　　　　　　　　　　　　　　　　　　　　（池﨑喜美惠）

2 施設・設備

(1) 家庭教室（家庭科室）の必要性

　家庭科は衣・食・住生活に関する実践的・体験的な活動を通して，基礎的な知識や技能を習得させ，家族の一員として家庭生活をよりよくしようとする実践的な態度を育てることを目標としている。そのため，基礎的な知識や技能を習得するために製作や実習・実験などの実践的・体験的な学習活動を展開するには，学習活動に応じた施設や設備を備えた家庭教室が必要である。施設とは，建物や建物に取り付けられた調理台や流し，ガスや水道の配管，電気の配線などをさす。設備とは，机や椅子，実習で使用する食器や調理用具など，移動することができるものをさす。学校における教室には，普通教室，特別教室，多目的教室があり，家庭科の教室は特別教室に含まれている。

　家庭科の学習を効果的に進めるためには，家庭教室の施設・設備を充実し，用具の手入れや収納を工夫し，教育環境を整えておくことが必要である。

(2) 家庭教室の種類と整備

　家庭教室の種類には，被服実習室，調理実習室，家庭総合実習室，準備室などがある。

① 被服実習室，調理実習室など目的に応じた教室を設置し，整備をする。それぞれの学習をする上でも，管理をする上でも独立させたほうが望ましいが，小学校では，あまり採用されていない。

② 1教室を被服実習のためのスペースと調理実習のためのスペースとに分け，二つの目的別の整備をする。

③ 1教室を複数の目的で使用する，例えば被服実習や調理実習や他の学習でも使用できるようにする。調理台の流しとガス台の上にふたをし，その上で作業をする。小学校ではこの家庭科室のあり方が多い。

平成19年（2007），文部科学省大臣官房文教施設部は，小学校施設設備指針[9]

を示した。学習関係諸室のうち家庭教室の条件として，次のように述べている。

(1) 編成する集団の数，規模等に応じ，設備，機器等を必要な間隔で適切に配置することのできるような面積，形状等を計画することが重要である。
(2) 教材・教具の収納空間を児童の動作空間とともに配置することのできる空間を確保することが重要である。
(3) 2室計画する場合には，総合的な利用も考慮しつつ，実習内容に応じ，分化させることも有効である。
(4) 食物に係る実習のための空間については，会食用机を配置することのできる空間を設けることも有効である。
(5) 被服に係る実習のための空間については，作品を展示する空間を確保し，必要に応じ，住居に係る学習を行うことのできる空間を確保することが望ましい。
(6) 必要に応じ被服に係る実習における製作途中の作品等を一時的に保管することのできる空間を準備室内等に設けることが望ましい。

また，調理室の施設の設置の条件[10]として，次の事項をあげている。

(1) 効率的かつ安全・衛生的に作業を行うため，必要となる設備を利用しやすいよう設置し，安全・衛生管理を適切に行うことのできる面積，形状等とすることが重要である。
(2) 床を乾いた状態で使用するドライシステムにより計画することが重要である。
(3) 休憩，着替え等のための空間を確保することが望ましい。

施設を管理する場合，次のことに配慮する。

① 実践活動できる，安全な広さを確保する。
② 調理室は調理台や冷蔵庫，収納棚などの置き場所を考えて配置する。
③ 調理実習時，換気に気をつける。
④ 器具類や食器類などは収納棚にラベルを貼ったり，収納の状態の写真を貼ってわかりやすくしておく。
⑤ 調理実習で床が濡れることも考えて，床材は滑りにくく汚れを落としやすいものにする。
⑥ 被服教室では細かい作業が多いので，教室の採光や照明に配慮する。
⑦ 製作用具を収納するための戸棚や陳列棚，掲示板など，壁面を有効に利

用する。
⑧　ミシンやアイロンなどの電気機器を使用するので，電気容量に配慮する。
⑨　視聴覚機器や情報機器を使用できるようにしておく。

(3)　設備・備品

　昭和42年 (1967) に，「教材基準」が定められ，学校に基本的に必要とされる品目や数量が示された。その後，昭和53年 (1978) に改訂され，昭和60年 (1985) には，文部省の「公立義務教育諸学校の教材費の地方一般財源化」の通知によって，義務教育諸学校の教材の整備については国庫負担が廃止され，地方交付税により財源措置をすることになった。さらに，学習指導要領が改訂されたことにともない，平成3年 (1991) に「標準教材品目」が示された。

　平成13年 (1995) 11月には，新学習指導要領の趣旨を踏まえ，児童生徒の「生きる力」を育成する観点等を重視しつつ教材整備が図られるよう，小学校教材機能別分類表を示し，教材の機能を大きく次の4つに分類した。（付録2を参照）

　包丁や鍋などは児童の数や学習内容に合わせて適切な物を，必要数そろえて

---

①　発表・表示用教材
　　児童生徒が表現活動や発表に用いる，又は児童生徒が見て理解するための図示・表示の機能を有する教材
②　道具・実習用具教材
　　児童生徒が実際に使って学習・実習の理解を深める機能を有する教材
③　実験観察・体験用教材
　　児童生徒の実験観察や体験を効果的に進める機能を有する教材
④　情報記録用教材
　　情報を記録する機能を有する教材

おくことが必要である。また，児童にどこにどんな用具や資料があるかわかるように収納場所にラベルを貼ったり，収納してある物が何かがわかるように写真を撮って貼るなど，工夫しておくことも必要である。グループごとに食器や

調理用具を収納して児童が使えるようにしておくと,片づけるときにわかりやすく整理・整頓もしやすい。

　教室の設備や備品は,保守・点検が大切である。設備や備品を整備したり,保守・点検をするためには,品名,備品番号,数量,購入年月日,価格などを台帳に記入したり,パソコンなどに入力しておくとよい。

　家庭教室の施設・設備は,新しい時代の要求を満たすもののほうがよい。整備の状況によっては,指導計画に支障を及ぼしたり,指導方法に困難が生じたりする。また,児童の学習意欲や学習効果にも影響が生じる。したがって,教師は家庭科で使用する施設・設備の管理・運営には十分配慮しなければならない。

　家庭科は実験,実習,製作などの実践的活動を行うので,学習効果を高めるには施設・設備が完備していなければならない。しかし,学校によっては家庭科に関わる施設・設備が不備であったり,管理上問題があったりなど十分整備されていないケースもあるので,改善していかなければならない。

(池﨑喜美惠)

〈引用・参考文献〉
1) 森岡修一・平林進編(1997)『発達と教育』p.183　エイデル研究所
2) 高橋浩・金田健司(2004)『現代教育本質論』p.64-66　学文社
3) 学校教育研究所編(2003)『学習指導の現代的課題』p.17　学校図書
4) 佐藤文子・川上雅子(2001)『家庭科教育法』p.184　高陵社書店
5) 依田新監修(1977)『新教育心理学事典』金子書房
6) 内藤道子(1991)『問答による学習指導法』p.31（家庭科教育65巻14号）家政教育社
7) 多鹿秀経(2001)『教育心理学—「生きる力」を身につけるために—』p.60　サイエンス社
8) 中間美砂子(2006)『家庭科への参加型アクション志向学習の導入』p.18〜24　大修館
9) 文部科学省大臣官房文教政策企画部「小学校施設整備指針」第4章　各室計画　第2　学習関係諸室　11 家庭教室
10) 前掲9) 第4 第4　生活・交流空間　4 調理室　http://www.mext.go.jp/a_menu/shisetu/seibi/07082107/004.htm

3　学習指導計画

(1)　指導計画作成の意義

　学習指導を行うに当たり，何をどれくらいの時間をかけてどのように，あるいはどのようなステップや段取りで行うとよいのかといった，事前のプランニングの仕事がある。教師は児童と直接関わる実際の授業だけでなく，そのための土台となっている準備・計画段階も，重要な指導のプロセスととらえる必要がある。この指導計画の作成を通して，例えば小学校教育における家庭科の果たす役割を見つめ直し，他の教科との重複あるいは連携の可能性などについても気付くことができる。指導計画の作成は，学習指導に臨むための重要な段階なのである。

(2)　指導計画作成における留意事項

　① 学習者である児童についての実態把握

　　授業の構成要素には，指導者（教師）と学習者（児童），そして教材などがある。指導者である教師は学習者の興味や関心，既に獲得している知識や技能，そして家庭や地域の環境についてもその実態を把握しておくことが指導を行う上で大いに役立ってくる。『学研版小学生白書2008年』は，この20年間で子どもの生活が徐々に変化してきたことを指摘している。例えば表5－3－1の家庭で遊ぶ時間の平均値の推移からは，どの学年も20年間で40分以上減少していることがわかる。子どもにとっての遊びは様々な経験ができ，成長にも大いに影響するものだが，子どもたちの家庭での過ごし方の変化は，関連する生活経験の有無にも影響しているといえるだろう。

　　家庭科は家庭生活の具体的な営みを学習対象としている。学校で学んだことを自分の家庭でも実践し，各々の家庭生活で生かしていくことで実践力が高まっていく。この実践力を培うためにも，学校での家庭科の学習が

児童の実態とかけ離れたものになっては，創意工夫にもつながらないだろう。高学年児童への理解とともに，目の前にいる一人ひとりについてしっかり受けとめ，生活経験や生活実態の把握にも心がけておく必要がある。さらに地域の状況や季節の変化への意識を持つことも，年間を通じた指導計画の作成においては重要になってくる。

表5-3-1　家庭で遊ぶ時間の平均値の推移

（単位：分）

全体／学年	1986年	1996年	2006年
全体	162	124	95
1年	217	138	99
2年	155	128	102
3年	146	118	100
4年	168	111	94
5年	159	117	85
6年	152	109	90

② 学習目標の明確化

　児童の実態や地域など，児童を取りまく環境についての状況を把握した上で，家庭科の学習が児童の人間教育に，どのように関わろうとするのかを認識しておくことは大切である。学習目標を明確にすることは，家庭科の本質とは何かを考えることにもつながる。学校という場で獲得できる家庭科を通した学びとは何か，その学びを保障するための手立ては何か，家庭科で育てようとしていることがらは何かなどについて，確認した上で指導計画を検討しよう。

③ 学習指導要領に明記された配慮事項

　指導計画を作成する際に，学習指導要領に明記されている「配慮事項」を確認しておかねばならない。平成20年（2008）3月告示の学習指導要領には，小学校家庭科について教科の目標や内容と併せて，以下のような指導計画作成上の配慮事項が明記されている。

1　指導計画の作成に当たっては，次の事項に配慮するものとする。
　(1) 題材の構成に当たっては，児童の実態を的確にとらえるとともに，内容相互の関連を図り，指導の効果を高めるようにすること。

(2) 「A家庭生活と家族の(1)のアについては，第4学年までの学習を踏まえ2学年間の学習の見通しを立てさせるために，第5学年の最初に履修させるとともに，「A家庭生活と家族」から「D身近な消費生活と環境」までの学習と関連させるようにすること。

(3) 「B日常の食事と調理の基礎」の(3)及び「C快適な衣服と住まい」の(3)については，学習の効果を高めるため，2学年にわたって取り扱い，平易なものから段階的に学習できるよう計画すること。

(4) 第1章総則の第1の2及び第3章道徳の第1に示す道徳教育の目標に基づき，道徳の時間などとの関連を考慮しながら，第3章道徳の第2に示す内容について，家庭科の特質に応じて適切な指導をすること。

④ 他の教科や特別活動等との関連

　指導計画を作成する際に，他教科や特別活動などについても確認しておくことが大切である。家庭科は家庭生活そのものが総合的であるために，その学習内容は他教科と重複あるいは関連する部分がしばしば見られる。該当する教科などについて，第4学年までの学習の蓄積と，第5学年からの指導内容を把握しておくことで，家庭科として指導する際のタイミングが工夫でき，児童ら学習者には学びの理解と定着が効果的になる。

　平成20年 (2008) 告示の学習指導要領で，家庭科に関連すると思われる記述が見られた教科は，「生活科」「社会科」「理科」「体育（保健）」であった。小学校第1・2学年で履修する生活科は，小学校低学年児童の特性を考慮した教科であるが，そこでの「(2)家庭生活を支えている家族のことや自分でできることなどについて考え，自分の役割を積極的に果たすとともに，規則正しく健康に気を付けて生活することができるようにする」は，家庭科での「A　家庭生活と家族」に関連している。さらに「(9)自分自身の成長を振り返り，多くの人々の支えにより自分が大きくなったこと，自分でできるようになったこと，役割が増えたことなどが分かり，これまでの生活や成長を支えてくれた人々に感謝の気持ちをもつとともに，これからの成長への願いをもって，意欲的に生活することができるようにする」

は，家庭科改訂の要点の一つである「自分の成長を自覚し家庭生活を大切にする心情を育むこと」につながるものである。生活科は，児童一人ひとりが体験や活動を通し，五感を駆使して気づくところから学びを形成している教科である。抽象的かつ論理的思考が未発達な低学年児童と，心身ともに成長著しい高学年児童とでは，発達段階に大きな違いがあるため，全く同じ内容の学習が展開されるわけではないが，このような低学年段階での学習が土台となって，第5学年から学び始める家庭科の学習に生きてくるといえる。また6年間履修する体育にも，特に第3学年から始まる保健の学習において，健康で安全な生活を営む資質についての学習目標や内容が明記されている。食事を含めた健康管理の学習は，家庭科での学習内容に大いに関連している。さらに3年生から履修する理科や社会科での学習内容も，家庭科での実践において大いに役立つ基礎事項をおさえている。
（1章22～23ページ参照）

　一方，教科ではないものの，「総合的な学習の時間」では問題解決型の学習スタイルが家庭科と共通している。また「道徳」についても，学習指導要領での配慮項目に明記されていたように，道徳の時間などとの関連を考慮しながら家庭科の特質に応じて適切な指導をすることが求められている。これら特別活動などでの学習内容についても把握しておくことで，効果的な指導にこだわった方策を，指導計画に盛り込むことができる。また，平成17年（2005）に制定された食育基本法は，子どもたちの「生きる力」の基盤として重視され，学校でも様々な食育への取り組みが展開されている。指導の専門家として，栄養教諭による食育も推進されつつある。学校給食や総合的な学習の時間を活用して実施されているケースが多いが，栄養に関する知識を中心に，特に食生活に関わる学習内容を扱っている。これらは家庭科の学習内容と重なる部分である。現在はまだ必ずしも各校に配属されているわけではないが，今後は栄養教諭との連携も視野に入れた指導計画が求められていくだろう。

⑤　中学校技術・家庭科との関連

　平成10年（1998）告示の学習指導要領では8つの要素的内容による学習内容の明記がされていたために，家政学に見られるような，領域をベースとする表記とは異なっていた。そのために中学校で学ぶ技術・家庭科の家庭分野の学習内容との連携がとりにくかったが，指導計画としては生活全般を総合的にとらえた構成で作成することができるというメリットもあった。

　しかし，平成20年（2008）1月の中央教育審議会答申における家庭科についての改善事項には，改善の基本方針として「家庭科，技術・家庭科家庭分野については，自己と家庭，家庭と社会とのつながりを重視し，生涯の見通しをもって，よりよい生活を送るための能力と実践的な態度を育成する視点から子どもたちの発達の段階を踏まえ，学校段階に応じた体系的な目標や内容に改善を図る」ことが示され，具体的事項として4つの内容に構成を改善することが明記された。

　これまでの学習指導要領には特記されていなかったが，今回の改訂では中学校技術・家庭科の内容との系統性や連続性が重視され，生涯を見通した生活の基盤となる能力と実践的な態度を，義務教育段階で着実に育成する必要性が示された。すなわち小学校段階ではその後に続く学びの基礎的・基本的な知識や技能が重視され，生活をよりよくしようと工夫する能力と，実践的な態度がはぐくまれることが目指されたことになる。指導計画の作成においては，これらを生かした内容構成を検討する必要がある。

(3)　指導計画作成の基本事項
①　指導計画の種類

　指導計画の作成は，児童と作る芝居の脚本作りともいえる。脚本がよくできていなければ，芝居の内容も役者の演技もうまくいかないものである。芝居を支える大切な土台を担う作業として，指導計画の作成に取り組む必要がある。この指導計画には，年間指導計画案と題材指導計画案（題材案），また1単位時間の指導計画を示した時案の3つがある。時案は一般的には

学習指導案といわれるものであるが，中には教案と表現しているものもある。時案は指導計画を詳細に記した密案または細案と，要点のみを示した略案とに分けられる。状況に応じ，使い分けをしている。

　指導計画を作成する際に用いられている以下の用語については，次のようにとらえて使用する。

・教材：教師（指導者）と児童（学習者）の間を媒介する教育テーマを持ったものである。具体的なモノから抽象的なことがらやメッセージなど内容をさす場合も含めている。

・題材：関連する学習内容を指導の単位としてまとめたものである。いくつかの教材が集まってひとかたまりを形成する。児童が使用する教科書のほとんどは題材ごとにまとめた掲載になっているが，そのタイトルなどは小題材名となっているケースが多い。

・単元：奈須正裕[1]によると単元の語源は英語のユニット（unit）であり，言葉としてはまとまりとか単位という意味を持つということであるが，何をもって教育活動のまとまりとするかによって，授業の質や教師の役割も大きく違ってくることを指摘している。さらに井上照子[2]は，単元の定義づけは時代によって本質的違いがあると述べている。教材のひとまとまりとか教える内容の一区切り，あるいはプロジェクトそのものや，発見学習の場合は探求のひとまとまりを単元と呼ぶなどいろいろである。先行文献の中には，「単元（題材）」と表現しているケースもある。本書では単元ではなく題材を主に使用することにする。

② 題材の構成と配列

　学習指導要領に明記されている学習内容は，教科の目標をうけて2個学年分を領域ごとにまとめて示している。題材の構成に当たっては，実際に関わっている児童たちの地域や家庭の実態を考慮した，独自の題材構成を工夫するとよいだろう。その上で，内容における相互の関連を図ることで，指導効果も期待できる。児童たちが生活を実感としてとらえることができ，生きる力の育成につながるような題材を取り上げ，思考過程に沿った課題

解決学習の育成を目指した題材構成を工夫するとよい。

　題材の配列に関しては，一般的に１．基礎的・基本的なものから応用・発展的なものへ，２．単純なものから複雑なものへ，３．身近で具体的なものから抽象的なものへ，４．自分自身のことからさらに広い範囲のことへ，あるいは逆に５．全体把握から部分的なものへ，といった流れなどが考えられる。これら題材相互の系統性や発展性を意識して配列すれば，児童もスムーズに知識や技能を身につけることができる。また他教科との関連性や学校行事，季節や年中行事などとも関わらせることで，より効果的な指導につながっていく。さらに設定された授業時数の中で時間配分も工夫する必要がある。

　平成20年（2008）告示の学習指導要領では，A(1)「自分の成長と家族」を第５学年の最初に履修させることとしている。また生活における「自分の成長」が，学習全体を貫く視点となるように設定することも明記されているため，題材構成や配列においてはこれらの指摘を配慮する必要がある。

③　年間指導計画案

　年間指導計画案は，第５及び第６学年の２年間にわたる展開を示したものである。小学校における家庭科教育の全体を網羅する最も基本的な指導計画といえる。学校教育法施行規則によると，年間の授業時数は第５学年の家庭科は60単位時間，第６学年では55単位時間となっている。平成10年告示の学習指導要領における公立学校での完全週５日制の実施と，総合的な学習の時間の導入により，家庭科も授業時数が削減され，現在のようになった。以前は毎週２時間続きの授業が実施されていたが，現在では変則的になり，学校独自の裁量にまかされている。

　年間指導計画の作成に当たっては，第５学年と第６学年を分け，学期ごとにして作成する。従来は３学期制が一般的で，夏休み前を１学期，夏休みがあけて年末の冬休み前までが２学期，年があけて３月末までが３学期になっていた。しかし現在はこの他に，夏休みを挟んで９月いっぱいを前期，10月以降を後期として２学期制で実施している学校もある。いずれも

授業時間の確保のための工夫がとられているが，指導計画の作成においては，1題材はなるべくその学期内に終了するような時間配分をするとよいだろう。題材名（あるいは大題材名）とそれに対応した小題材名を明記し，配当時間も，年間の総合計が前述の第5学年60時間，第6学年55時間になるように配分しなければならない。実際には学校行事や想定外の事態で，予定していた授業が実施できなくなるケースもあるが，計画段階ではあくまでも年間の授業時数を遵守し，バランスのとれた年間指導計画になるように心がけ，取り組もう。表5－3－2には第5・6学年の系統性を見通した指導計画案の例を示した。第5学年で基礎・基本を学び，それを発展・応用した内容を第6学年で学習するようにしている。さらに長期の休みの前には，家庭での実践課題や自分自身のチャレンジ（めあて）を確認させ，休みがあけた最初の授業で，その報告の機会を設定している。このことにより，以前はできなかったりわからなかったことが，自分なりに家庭生活の中でやってみて，できるようになったり解決できたりすれば，自分の成長が実感できるのではないだろうか。なお表5－3－3にも「家庭生活と家族」領域を主眼にした指導計画案の例を示した。自分の家庭生活や家族に対して意識しながら，学校での学びを実生活に生かすことも意識して作成したものである。このように相互に関連させながら，学習を展開することも可能になる。

④ 題材案

全体を把握できる年間指導計画案に対し，題材案は学習内容の一つのまとまりとして，その構造や系統を明らかにするものであり，本時の指導計画の前提ともいえる重要な部分を担っている。題材についての学習のねらいや概要なども示すが，一般的な形式は次のようになっている。

ア　題材名（大題材名と表現することもある）

題材の学習内容を表現した名称をつける。簡略かつ明確な題材名を工夫してつけるが，児童の願いや思いを表現した口語的な題材名をつけることもある。

表5−3−2　年間指導計画（2学年の系統性を見通した題材配列一覧）案例

学期	第5学年（60時間）		第6学年（55時間）	
	題材名（時数）	小題材名	題材名（時数）	小題材名
1学期	1．家庭科の授業開き(2) 2．見つめてみよう自分のことや家庭のこと(5) 3．やって納得食事の役割と調理の基礎(12) 4．チェックしよう衣服と手入れ方法(5) （夏休みに向けて）	1．家庭科ってどんな教科かな 2．家庭科室ウォッチング 3．家庭科で学びたいこと／決意 1．自分の成長を確認しよう 2．家庭生活ウォッチング 1．なぜ食べるの 2．やってみよう初めての調理 1．衣服を着るのは何のため 2．快適に衣服を着る工夫	1．実感しよう自分の成長と周囲の人々とのかかわり(9) 2．大切だねバランスを考えた食事作り(14) （夏休みに向けて）	1．できるようになったこととこれからのめあて 2．家族とのふれあいを振り返ろう 3．地域の人々との交流を考えよう 1．毎日何を食べているかな 2．献立作成に挑戦 3．1食分を作って食べよう
2学期	（チャレンジ報告） 1．チャレンジ　手縫いの技能(13) 2．やってみようご飯とみそ汁作り(10) （冬休みに向けて）	1．手縫いの基礎 2．調理実習または生活の中で使うものを作ろう 1．めざせお米の粒博士 2．めざせおみその豆博士 3．調理実習（手縫いの作品−布巾等も活用しよう） 4．日本の伝統的な食べ物を調べてみよう	（チャレンジ報告） 1．チャレンジ，ミシン縫いの技能(14) 2．取り組んでいこう環境を考えたやさしい住まい方(8) （冬休みに向けて）	1．ミシン縫いと手縫いの違い・ミシンの操作方法 2．生活に役立つ物の製作 1．環境にやさしい住まい方とは（季節に合わせた過ごし方の工夫） 2．人にやさしい住まい方とは（明るさ，換気，暖かさ／涼しさ，安全性） 3．年末大掃除大作戦
3学期	（チャレンジ報告） 1．できるかな住まい方の工夫と身の回りの整理整頓(7) 2．生かそうここまでの学び(5) 3．1年間の振り返りをしよう(1)	1．いつも利用する場所の再点検 2．自分の身の回りは自分で快適に 1．6年生への卒業プレゼントを考えよう 2．6年生をお祝いしよう 自分の成長を実感しよう	（チャレンジ報告） 1．上手に使おう生活の資源(7) 2．家庭科での学びの振り返りをしよう(3)	1．生活の資源には何があるだろう 2．お金や時間を計画的に使うために 3．中学校生活に向けて 卒業プロジェクト 家庭生活における課題解決実践の報告

表5-3-3　年間指導計画（「家庭生活と家族領域」を主眼にした題材配列一覧）案例

学期	第5学年（60時間）		第6学年（55時間）	
	題材名（時数）	小題材名	題材名（時数）	小題材名
1学期	1．家庭科の授業開き(2)	1．家庭科ってどんな教科かな 2．家庭科室ウォッチング 3．家庭科で学びたいこと／めあて探し	1．楽しく食事をするための工夫(14)	1．毎日何をどんなふうに食べているかな 2．楽しい食事って何だろう 3．ご飯とみそ汁を作ってみよう 4．家族のための食事作り ＊家族にみそ汁を作ってあげよう （みそ汁の実の工夫，材料の買い物の工夫） 5．実践報告
	2．自分の成長と家族との関わり(7)	1．4年生までの自分を振り返ろう 2．家庭での過ごし方を見つめてみよう 3．生活時間の使い方はどうかな 4．家族にしてもらっていることと自分でもできそうなこと（家の仕事に挑戦）	2．衣服の働きと手入れ(9)	1．いろいろな衣服，いろいろな着方 2．暑い夏を快適に過ごすための衣服の工夫 3．衣服の手入れ－洗濯の実践レポート
	3．食事の役割と調理の基礎(15) （夏休みに向けて）	1．なぜ食べるの 2．毎日の食事チェック 3．やってみよう初めての調理 4．家族のために作ってみよう	（夏休みに向けて）	
2学期	（チャレンジ報告） 1．衣生活で生かしたい技能(17)	1．手縫いの基礎 2．ミシン縫いの基礎 3．家族へのプレゼント製作－世界でたった一つの手作り品を作ろう	（チャレンジ報告） 1．環境に優しく家族に快適な住まい方(20)	1．地域の環境や季節の変化に合わせた生活の大切さ 2．家族のための快適な住まい方（明るさ，換気，暖かさ／涼しさ，安全性） 3．家庭生活に役立つ物の製作（こんなものがあるといいな）
	2．住まい方の工夫と身の回りの整理整頓(7) （冬休みに向けて）	1．家庭でのお掃除やごみ出しについて 2．住まいを快適にするための工夫 3．おまかせ年末の大掃除大作戦	（冬休みに向けて）	
3学期	（チャレンジ報告） 1．生活を見直してみよう(10)	1．家族との生活時間調べ 2．金銭の計画的な使い方 3．家族のための買い物の工夫 4．家庭での仕事分担とその成果・発表	（チャレンジ報告） 1．自分の成長と周囲の人々との関わり(10)	1．家族とのふれあいを振り返ろう 2．地域の人々との交流を考えよう 3．一人でできるようになったことと中学校生活に向けての，今後のめあて
	2．1年間の振り返り(2)		2．卒業を前に(2)	感謝の気持ちを伝えよう

イ　題材設定の理由

　題材に対する教師の考えや取組みを示す。なぜ本題材を設定し取り組もうとしているのかなど理由を述べるものである。ここでは，本題材の持つ学習内容に関しての考えを述べる「教材観」や，実際の子どもたちの興味や関心，資質や能力，生活環境やクラスの状況などを述べる「児童観」，この題材についての学び方もしくは指導や支援の仕方などを述べる「指導観」などを盛り込んだ文章を作成するとよい。

ウ　目標

　本題材を通して児童が目指す学習目標を示す。教科の目標や学年の目標を反映し，ここでの学習から児童にどのような能力を身につけてほしいのかを明らかにしていく。観点別評価を参考に，4つの側面から具体的に考案し，それら相互を組み合わせたりして示すこともある。なお「学習目標」であるので，指導者の立場での「‥‥させる」よりも，「‥‥する」という学習者の立場からの能動的な表現を用いるとよいだろう。

ⅰ）関心・意欲・態度面の目標：表現例として「すすんで‥‥しようとする」「自分から‥‥取り組もうとする」「‥‥に興味を持ち，関わろうとする」など。

ⅱ）創意工夫する能力面の目標：表現例として「工夫して‥‥する」「自分のアイデアを生かし‥‥する」「自分なりに‥‥を考え‥‥取り組む」など。

ⅲ）技能面の目標：表現例として「‥‥を仕上げることができる」「安全に留意し的確に‥‥する」「‥‥が正しく扱える（操作できる）」「‥‥行動が取れる」など。

ⅳ）知識・理解面の目標：表現例として「‥‥について知る」「‥‥が判断できる」「‥‥について理解できる」「‥‥について考え‥‥の解決ができる」など。

エ　指導計画

　題材全体の指導計画を示す。題材を構成する各まとまりを小題材として

扱い，指導時間数も配当する。配当時間はその題材の構成及び内容によって異なるが，4～5時間くらいの少ないものから，その学期のすべての時間を充てるものまで様々である。少ない時間の例として，表5－3－2の年間指導計画案例で示した第5学年1学期の指導計画の中から，以下のような題材案を示すことにする。本題材案は「家庭科授業開き」後の最初の題材であり，これからの家庭科の学びのガイダンス的な要素も内包した，全授業時間数が5時間の題材案である。

（例）第5学年　1学期　題材名　見つめてみよう自分のことや家庭のこと
　　第1次　自分の成長を確認しよう　　2時間
　　第2次　家庭生活ウォッチング　　　3時間
　　　　　　　　　　　　　　計　5時間

オ　指導過程

指導計画で立てた小題材が，どのようなプロセスで展開されていくのかを，いくつかの項目にしたがい示していく。項目例としては次のようなものがあり，下のような表に作成することが多い。

　ⅰ）指導内容：内容が伝わるような項目名を書く。小題材名がこれに当たる。

　ⅱ）学習活動：「学習」活動なので，児童を主体にして指導内容に対する児童の活動について書く。表現例としては，「…に取り組む」などである。

　ⅲ）教師の支援・指導上の留意点：学習の主体者である児童に対し教師はいかにサポートするのか，どのような働きかけをするのかなど，児童の学習支援について書く。表現例としては「…気づくように…する」などである。

　ⅳ）時間：指導計画（前述）で配当した時間数を順次明記する。

　ⅴ）準備・資料：教材や教具など具体的なものを学習活動に沿って書く。

	指導内容	学習活動	教師の支援・留意点	時間	準備・資料
第1次	自分の成長を確認しよう	○○○○○	△△△△△△△△△	2	……

カ　評価

　児童の学習への取り組み状況から，目標で示したことがらがそれぞれ達成できているかどうかを見る。目標での表現と関連させて，4つの観点別に示すとわかりやすい。意欲や態度はどうか，独自の考えや工夫をこらしているか，技能面での習得状況や活動状況，知識面での習得状況はどうかなど，題材全体として達成していく目標に対し，具体的にどこをどのように見たらよいのかを示すとわかりやすい。

⑤　時案

　時案とは，題材案の指導計画に示した中の1時間もしくは2時間の授業にあたる「本時」についての詳細を示した指導計画案である。通常，教育実習も含め研究授業などのときは，前述の題材案も付した「家庭科学習指導案」が必ず作成され，授業参観者に提示・配布される。形式は必ずしも統一されていないが，一般的な書式として表5-3-4のようなパターンが多い。

　はじめにタイトルを書き，授業の日時や対象クラス，児童数，教室，指導者の名前などを書く。指導者名の後に押印が見られるものもあるが，これは正式の学習指導案であることを示している。「1．題材名」から「4．題材の指導計画」までは題材案で作成したものがそのまま活用できる。しかし，本時の学習指導案であるので，題材全体の指導計画のどこに該当するのかを，配当時間の欄に「（本時）」もしくは「（本時は2／7時）」などと示しておくことが必要である。その後に示す「5．本時の指導」は以下のようになる。

ア　小題材名

　本時の指導内容を示すが題材の指導計画で明記したものを再度示しておく。

イ　ねらい

　題材全体の中で示された学習目標の中で，本時の学習内容に対応する目標を書く。この場合，4つの観点別による別々の表記ではなく，全体を一

つにまとめた書き方でよい。学習者を主体にした表現で，わかりやすく簡潔に示すことを心がけて作成するとよいだろう。

ウ　展開

本時の展開について作成する。一般的に縦軸に学習の過程や時間の流れを書き，横軸にそれと対応する学習内容や活動，学習支援や資料準備などを書いていく。題材案で作成した指導過程を，本時バージョンに応用して作成するものであると考えればわかりやすいだろう。45分（１単位時間の授業）もしくは90分（２単位時間の授業）の中で，どのように授業が展開していくのかをマトリックスで示していく。学習過程である３つの段階は以下のような内容を書くことになる。

・第１段階：導入（前半の数分間，全時間の10～15％くらいの時間を配当）

　　児童を本時の授業にスムーズに導くためには，興味や関心を持たせることが大切である。この導入の段階では，児童の学習へのきっかけとなるような，動機づけを工夫しよう。その場合，意欲的に取り組みたくなるような教材の準備が求められる。また本時の内容やめあてなども，明確にする大切な段階である。ただし，この段階はあくまでもこれからの学習へのはじめの一歩であるので，多くの時間を配当しないように気をつける必要がある。

・第２段階：展開（導入後のかなりの部分，全時間の70～80％くらいの時間を配当）

　　導入段階で学習課題が明確になったところで，本時のメインの時間帯であり，学習課題解決への取り組みが活発になる段階である。学習者である児童が主体であることはもちろんだが，教師がどのような働きかけをするのか，その支援や教材教具の活用も注目される部分である。

・第３段階：まとめ（本時の最後部分，全時間の10～15％くらいの時間を配当）

　　本時の整理・総括の段階である。学習の展開の中で得られた知識や理

解，技能を振り返り，全体的なまとめから学習の定着を図ったり，課題を確認したりする部分である。また，次回までの課題の確認も含めた「次時の確認」も最後に忘れないように示しておくことが大切である。

なお，本時の展開部分における横軸の枠組みには，例えば「子どもの意識と学習活動－教師の関わり」，「学習活動－子どもの意識の流れ－教師の働きかけ・評価」，「学習活動と学習内容－指導上の留意点－資料」などいろいろある。また，縦軸の枠組みについても「導入－展開－まとめ」だけでなく，「めあてをもつ／つかむ－見通す／深める－まとめる／生かす」など，学習者である児童を主体に，児童の立場からの書き方をする場合もある。題材に合わせ，工夫して作成することができる。

エ　本時の評価

本時の学習目標に対し達成できたかどうかを，具体的な視点で示すとよい。本時のみの評価であるので，目標と同様，焦点を絞り簡潔でわかりやすい表現で示すことを心がけよう。

（増茂智子）

表5－3－4　題材と本時案の形式の例

| 家庭科学習指導案　　〇〇〇〇〇〇〇〇
　　　　　　　　　　氏　　名
1　題材名
2　題材設定の理由

3　題材の目標

4　題材の指導計画　　〇時間扱い
　第1次　〇〇〇〇〇　◇◇◇◇◇　〇時間
　　　　　　　　　　　◇◇◇◇　（本時）
　第2次　〇〇〇〇　◇◇◇◇◇　〇時間 | 5　本時の指導
　（1）小題材
　（2）ねらい
　（3）展開

| 学習内容 | 主な児童の活動 | 指導上の留意点 | 備考 |
\|---\|---\|---\|---\|
\| \| \| \| \|

　（4）評価 |

〈引用・参考文献〉
1）奈須正裕（2006）『学力が身に付く授業の技①教師という仕事と授業技術』p103 ぎょうせい
2）井上照子（1990）『家庭科の授業設計』p27　家政教育社

6章 家庭科の評価

1 学力と教育評価

(1) 評価の目的

　教育活動における評価は教育評価ともいわれ，教材の評価，指導方法の評価，さらに教育目標・内容の評価というように，あらゆる面から考える必要がある。そのような評価は学習活動を通して情報が得られるものであり，学習者の診断をし，行動などを観察することにより，指導法の見直しや教材の分析，指導計画や指導過程の修正を行うこととなる。教育評価は学習者の育成のためにあるべきであり，また教える側の指導内容を改善するためにあるべきものであることを念頭におき，「育成のための評価」を考えることが重要である。

(2) 新学習指導要領で求められている学力

　平成20年（2008）改訂の学習指導要領は，我が国の教育の根幹を定める教育基本法の改正を受けて改訂作業が行われたことに特徴がある。このようなことはこれまでになかったことであり，明治維新の学制による教育改革，第二次世界大戦後の教育基本法体制による教育改革に次ぐ「第三の教育改革」であると呼ぶ人もいる。

　平成19年（2007）6月に交付された学校教育法の一部改正では，教育基本法の改正を踏まえて，義務教育の目標が具体的に示されるとともに，小・中・高等学校においては，「生涯にわたり学習する基盤が培われるよう，基礎的な知識及び技能を習得させるとともに，これらを活用して課題を解決するために必要な思考力，判断力，表現力その他の能力をはぐくみ，主体的に学習に取り組む

態度を養うことに，特に意を用いなければならない」と定められている。

　これらの規定では，学力の重要な要素は，1．基礎的・基本的な知識の習得，2．知識・技能を活用して問題を解決するために必要な思考力・判断力・表現力等，3．学習意欲，であることを明確に示している。学校教育法で学力を明確に定義したことは特徴的であり，これに基づいて考えられた学習指導要領で指導するに当たり，これらの学力をはぐくむことが求められている。

　家庭科においても，基礎的・基本的な知識，それを活用する力，そして学習意欲を育てるために教育活動が行われ，これらの学力が育成されているか，それに対して適切な教育活動であるか評価する活動を行うこととなる。

　これまでも学習指導要領が改訂されてしばらくしてから評価のあり方について答申等がなされていることから，当面の間は，新学習指導要領の目標と内容，求められている学力を踏まえて，次に述べるこれまでの評価のあり方をもとに評価活動を実施していく必要がある。

(3) 新学力観と評価

　昭和62年(1987)の教育課程審議会における学習指導要領改訂の中で，「日常の学習の過程における評価については，知識理解の側面に偏ることなく，児童・生徒の興味・関心等の側面を重視し，学習意欲の向上に役立つようにするとともに，これを指導方法の改善に生かすようにする必要がある」とされ，情意面の評価が求められるようになった。

　平成元年(1989)の学習指導要領は，新学力観に基づくものとして位置づけられ，学ぶ過程，「関心・意欲・態度」を含めて新しい学力と呼び，それを重視するようになった。新学力観では，従来「知識・理解・技能」に対して副次的であった「関心・意欲・態度」がクローズアップされてきた。新学力観とは，知識・理解・技能の習得以上に，関心・意欲・態度や思考・判断を重視し，思考力・判断力・表現力を育てることを目指している。

　平成3年(1991)に，指導要録における評価についても，「教育課程の基準の改善のねらいを達成することや各教科のねらいがより一層生かされるようにす

る観点から，教科の特性に応じた評価方法等を取り入れるなどの改善を行う必要がある」との考えが示されたため，文部省は指導要録の参考様式を示し，この中で評価の観点が，「関心・意欲・態度」，「思考・判断」，「技能・表現」，「知識・理解」の順で示され，それぞれの観点についての評価が絶対評価となった。

　平成10年（1998）の学習指導要領では，学校教育において「ゆとり」の中で「特色ある教育」を展開し，児童に「生きる力」を育成することを基本的なねらいとして，自ら学ぶ意欲と社会の変化に主体的に対応できる能力の育成を図るとともに，基礎的・基本的な内容の指導と個性を生かす教育の充実が求められている。このねらいを実現するために，評価のあり方が審議された。それまで我が国では評価についての研究が充実していたとはいえない状況であったが，ここからにわかに評価に関する研究に注目が集まってきた。

(4) 評価の基本的な考え方

　学力のとらえ方が変化し「生きる力」の育成が求められる中で，平成12年（2000）の教育課程審議会の答申「児童生徒の学習と教育課程の実施状況の評価の在り方について」で，評価の機能や役割，これからの評価の基本的な考え方がまとめられた。

　そこではこれからの評価の基本的な考え方として，
① 学力については知識の量のみでとらえるのではなく，学習指導要領に示す基礎的・基本的な内容を確実に身につけることはもとより，それにとどまることなく，自ら学び自ら考える力などの「生きる力」がはぐくまれているかどうかによってとらえる。
② 評価においては，学習指導要領が示す目標に照らしてその実現状況を見る「目標に準拠した評価（いわゆる絶対評価）」を一層重視し，児童生徒のよい点や可能性，進歩の状況などを評価する「個人内評価」を工夫する。
③ 学校の教育活動は，計画，実践，評価という一連の活動が繰り返されながら展開するものであり，「指導と評価の一体化」を図るとともに，「評価

方法の工夫改善」を図ること，学校全体としての評価の取組みを進めることが重要であると示された。

ここから「目標に準拠した評価」，「個人内評価」，「指導と評価の一体化」，「評価方法の工夫改善」が，評価活動に積極的に取り入れられてきている。

(5) 授業における観点別評価の実施と指導要録

指導要録では，「関心・意欲・態度」などの観点別の評価は絶対評価となっていたにもかかわらず，評定欄は相対評価（絶対評価を加味した相対評価）のままであった。しかし，平成12年（2000）の答申により，学習指導要領に示す目標を実現しているかどうかの評価が重視され，各教科の評定が，「目標に準拠した評価（いわゆる絶対評価）」に改められた。

この答申では，相対評価とは「集団の中での相対的な位置づけによって児童生徒の学習の状況を評価するもの」，絶対評価とは「学習指導要領に照らしてその実現状況を評価するもの」であり，学習指導要領が基礎的・基本的な内容の確実な習得を図ることを目指していることから，絶対評価を重視することが提言された。

「目標に準拠した評価」は子どもたちに身につけてほしい学力を到達目標として示し，子どもたちがそこに到達したかどうか，「確かな学力」が身についたかどうかを評価するものである。指導要録がこのように変わったことで，授業においても評価の規準を明らかにして観点別評価を実施していくことが必要となっている。すなわち，学習指導要領における「家庭科の目標と内容」と，指導要録における「家庭科の評価の観点とその趣旨」から，子どもたちにどのような力を育成するか評価の規準を明らかにして，指導計画と評価計画を作成し，授業実践において観点別の評価活動（形成的評価）を行い，単元あるいは学期末・学年末に観点別学習の達成の様子について，総括的に評価を行うとともに家庭科の評定を出すという評価活動が行われる。

2 指導と評価の一体化

(1) 教科目標の分析と評価の観点

　先に述べたように授業における評価は，教育目標に照らして行われるものであり，家庭科における評価は，学習指導要領に示されている目標と内容を実現しているかどうかについて行われる。そこで，学習目標が分析，体系化されることが必要となってくる。その学習目標に対して，児童がどの程度達成しているか，未達成のものは何かを診断していく。

　家庭科の観点別学習状況の評価の観点は，「家庭生活への関心・意欲・態度」「生活を創意工夫する能力」「生活の技能」「家庭生活についての知識・理解」であるので，この4つの観点に沿って評価していくことになる。

① 評価目標の決定

　家庭科の評価目標を決定するためには，教科目標のほかに，内容の目標，学年目標，題材目標などの分析が必要である。

　家庭科の目標は「衣食住などに関する実践的・体験的な活動を通して，日常生活に必要な基礎的・基本的な知識及び技能を身に付けるとともに，家庭生活を大切にする心情をはぐくみ，家族の一員として生活をよりよくしようとする実践的な態度を育てる」である。新しい学習指導要領では，前回の目標に，「基礎的」な知識及び技能を身につけることが加わり，「家庭生活を大切にする心情をはぐくむ」ことと「生活をよりよくしようとする実践的な態度」が，前回とは表現を変えて加えられているが，目標の分析の資料として，国立教育政策研究所が示した評価の観点及びその趣旨（表6-2-1）が参考になる。ここでは教科の目標と学年の目標（小学校家庭科の学年目標では，家庭生活への関心と理解，日常生活に必要な基礎的・基本的な知識及び技能の習得，家庭生活をよりよくしようとする実践的な態度を養うことを目指している）の評価の観点の趣旨について抜粋しているが，家庭科においては，学習指導要領の内容の(1)～(8)を内容のまと

表6-2-1 評価の観点及びその趣旨（国立教育政策研究所　2002年）

評価の観点及びその趣旨

家庭生活への関心・意欲・態度	生活を創意工夫する能力	生活の技能	家庭生活についての知識・理解
衣食住や家族の生活について関心をもち，家庭生活をよりよくするために進んで実践しようとする。	家庭生活について見直し，身近な生活の課題を見付け，その解決を目指して考え自分なりに工夫する。	衣食住や家族の生活に必要な基礎的な技能を身に付けている。	衣食住や家族の生活に関する基礎的な事項について理解している。

第5学年及び第6学年の評価の観点の趣旨

家庭生活への関心・意欲・態度	生活を創意工夫する能力	生活の技能	家庭生活についての知識・理解
衣食住や家族の生活について関心をもち，家族の一員として，家庭生活をよりよくするために進んで取り組み実践しようとする。	衣食住や家族の生活について見直し，課題を見付け，その解決を目指して，家庭生活をよりよくするために考えたり自分なりに工夫したりする。	生活的な自立の基礎として必要な衣食住や家族の生活に関する基礎的な技能を身に付けている。	家庭生活を支えているものや大切さを理解し，衣食住や家族の生活に関する基礎的な知識を身に付けている。

まりとして，内容のまとまりごとに評価の観点の趣旨が示されている。

② 評価規準の設定

　その内容のまとまり（単元，題材等）でおさえたい評価目標を，題材の指導計画に沿って，学習の流れとともに，観点別に計画する。これまで題材の指導計画としては，題材全体の学習活動の流れのみを考えることが多かったが，求められる学力の変化にともない，学習場面に沿って具体的な評価目標を検討し，判断基準を考えていくことが多い。表6-2-2には国立教育政策研究所による「物や金銭の使い方と買物」のまとまりについて，「題材の評価に関する事例」を示した。

表6-2-2 題材の評価に関する事例（国立教育政策研究所　2002年）

【「物や金銭の使い方と買物」の評価規準】

家庭生活への関心・意欲・態度	生活を創意工夫する能力	生活の技能	家庭生活についての知識・理解
身の回りの物や金銭の計画的な使い方に関心をもち，適切に買物をしようとしている。	身の回りの物や金銭の使い方を見直し，計画的な使い方と適切な買物について考えたり，自分なりに工夫したりしている。	身の回りの物や金銭の計画的な使い方と適切な買物に関する基礎的な技能を身に付けている。	身の回りの物や金銭の計画的な使い方と適切な買物について理解している。

【「物や金銭の使い方と買物」の評価規準の具体例】

家庭生活への関心・意欲・態度	生活を創意工夫する能力	生活の技能	家庭生活についての知識・理解
・自分の生活とのかかわりから，物や金銭の使い方に関心をもっている。 ・身の回りの物の選び方や買い方に関心をもち，適切に購入しようとしている。	・自分の生活とのかかわりから，物や金銭の使い方を考えたり自分なりに工夫したりしている。 ・目的に合った適切な購入ができるように自分なりに工夫している。	・身の回りの物や金銭の有効な活用ができる。 ・目的に合った適切な購入をすることができる。	・身の回りの物や金銭の有効な活用について理解している。 ・目的に合った物の選び方や適切な購入について理解している。

③　評価の時期

　学習指導の評価をいつ行うかを評価の機能で考えると，「診断的評価」と，先に述べた「形成的評価」と「総括的評価」に分けられる。

　「診断的評価」は学力の実態を測るものであり，これに対して「形成的評価」は，毎回の授業ごとや小題材ごとに，知識や技能が形成されていくプロセスを評価するものである。目標に準拠した評価の中心といえる評価である。ここでは学級及び一人ひとりの児童が学習内容を理解しているかを，観察や対話，記録などの方法によって見ていくだけではなく，学級全体ではどのような学習目標や学習内容が未達成であるか，達成の水準はどのくらいかなどを調べ，それとともに指導計画，学習指導法や教材など，指導者側の改善にも視点を置くことが必要である。今日児童自身による

「自己評価」の重要性も指摘されており，子ども自身が自分の学習を自分で診断し，自分の学習や行動を調整していくことが求められている。「自己評価カード」などの扱いがそれに当たる。

一方，「総括的評価」は題材のまとまりごとや，学年末などに行われるもので，大きな節目ごとに学習の成果をとらえるために実施する。児童の学習成果を見ることを目的とする，主として長期にわたる学力の伸びを見るものである。この情報は，児童にとってはどれだけ学習目標が実現できたか，教師にとっては教育実践の反省を行うための情報となる。

「総括的評価」については，筆記試験やワークシート，完成作品・レポートなどのほか，ポートフォリオやマップ（概念地図法，イメージマップほか）などにより，学力の発展的な様相をとらえることも提唱されてきている（参考文献 7)を参照）。

新学習指導要領では，各教科においてそれぞれ言語活動が重視されていることから，学習の成果を物語にしたり，図や絵で表したりするなど，様々なパフォーマンスが行われるだろう。今後は，それらをどのように評価するか，研究が進められると思われる。

(2) 学習評価の方法の選択と活用
  ① 評価の方法

児童がどの程度目標を実現できたか，把握する評価の方法の選択が重要である。その結果を踏まえて，目標を児童が実現できるように指導を工夫改善することが，一般的に「指導と評価の一体化」と言われるものである。評価は評価規準をもとにして適切に行い，その結果によってその後の指導を改善し，さらにその成果を評価するという一連の活動が繰り返される。

評価は完成作品や，その製作の過程，授業中における観察や対話などによるもの，ワークシートや学習カード，ペーパーテストなど筆記によって行われるものがある。実際に何かをやらせてみて，それによって直接的に学力を評価しようとするのがパフォーマンス評価とされているが，現状は，

パフォーマンスによるものと筆記によるものの境界はあいまいになっており，重要なのは評価したいと思っている学力が直接的に現れる課題を提示することである（参考文献 9)を参照)。

② 評価用具
　ア 「家庭生活への関心・意欲・態度」の評価
　　学習に対する関心・意欲・態度の評価は，評価以前に，教師が児童に対して学習内容への関心・意欲を喚起する指導力や実践力を高めていることが望まれる。学習指導と評価はまさに表裏一体である。
　　関心・意欲・態度については評価の客観性や信頼性を高める工夫が必要であり，製作過程の様子や，素材の準備や活用の状況を観察したり，ワークシートや学習カード，感想メモなどを用いたり，作品やポートフォリオを分析することなどを組み合わせることによって，多面的にとらえるようにする。観察法による場合には一時的ではなく長期的に観察し，総合的に判断する。
　　評価規準を実際の評価に生かしやすいように，「十分満足できる」状況と判断できる状況例（基準）を具体的に考えておく。学習内容の生活への生かし方についても，評価法を工夫していきたい。
　イ 「生活を創意工夫する能力」の評価
　　児童がどのように判断して問題を追及したり，思考したりしたかを具体的にとらえ評価しなければならない。観察による方法では，例えば，生活に関わる問題について，児童がどのように判断してどのような側面からとらえているか，様々な角度から考えているか，他の人の考えや見方を取り入れ，自分の考えを見直そうとしているかなどをとらえる必要がある。また，ワークシートやペーパーテストで見るには児童が発想力を豊かにしたり，想像力を働かせたりしながら問題に取り組むことができるように，問題の場面を工夫する必要がある。
　ウ 「生活の技能」の評価
　　学習内容によって評価方法は多種多様であるが，実習や実験，観察，発

表などの学習場面では，評価目標と評価規準を明確にしておくこと，児童の具体的な行動を教師があらかじめ想定しておくことが大切である。

学習カードの記述などによって「生活の技能」を見るには，実習で用いた道具の扱い方を尋ねたり，生活課題を解決する方法を考えることができるかなどの問題を提示したりすることが考えられる。

エ 「家庭生活についての知識・理解」の評価

家庭科における知識・理解は単に暗記しているかどうかだけではなく，どのように知識を生活に生かし活用しようとしているかなども適切に評価したい。知識の習得については，理解の仕方や方法，理解の深さなどもとらえ，習得した知識の活用については，生活に生かすことができる知識・理解となっているかを評価する。

③ 資料の整理とその解釈

「目標に準拠した評価」は，学習成果の達成度の判定規準を設定して判定する評価方法である。その規準は，学習目標を明確にした上でその目標の達成度の規準を定め，その規準によって判定するので，集団の中での相対的な位置づけを行う相対評価と考え方が根本から異なるものである。観点別に収集したいくつかの情報をもとに，整理していく。

「個人内評価」は，一人ひとりの子どもの学習の実現状況について，よさや可能性，進歩の状況などを評価していくものである。個人内評価は，個人内での複数の特性を評価する場合と，個人の過去の評価と比較する評価の二通りがある。児童が作り出した作品（ワークシート，レポートなど），評価や感想の記録をファイルなどに収集したポートフォリオは，個人内評価に有効に活用できる方法として注目されている（参考文献 7)を参照)。

3　学習評価の記録と活用

(1) 指導要録と通信簿

一般的に通信簿と指導要録には密接な関係がある。指導要録の作成の手順を

考えれば，まず補助簿となるものや通信簿が作成され，これをもとに年度末に指導要録が作成される。ただし，通信簿には法的な規定はなく，どのような通信簿を発行するか，発行しないかも学校の裁量にまかされている一方，指導要録の作成は学校教育法施行規則で定められており，校長はこれを作成して一定期間保存しなければならない。通信簿は児童の学習や指導に役立てるものであり，指導要録は学校での指導の資料とするとともに，外部に対する証明等のための原簿として利用されるものである。したがって，通信簿と指導要録はその内容を同じくするものではないが，各学校では，通信簿に記載する事項等を指導要録と適切に関連させながら，児童の学習活動の過程や成果，一人ひとりの可能性などについて評価し，その後の学習の支援に役立てるように通信簿を工夫・改善している場合が多い。

① 観点別学習状況

指導要録の小学校の観点別学習状況については，家庭科では4つの観点により，実現の状況をABCの段階で評価する。

② 評定

指導要録の評定については，平成12年（2000）の答申により，小・中学校の各教科の学習の記録については，いわゆる絶対評価を加味した相対評価から，目標に準拠した評価（いわゆる絶対評価）に改めることが示されている。

③ 行動の記録

「生きる力」の育成の状況などを適切に評価できるものとなるよう，指導要録の項目は，「健康・体力の向上」「自律」「生命尊重」「公徳心」などが示されている。

④ 総合所見及び指導上参考となる諸事項

平成12年（2000）の答申で新設されたものであり，全人的な力である「生きる力」の育成を目指し，総合的に児童生徒の成長の状況をとらえることができるよう，各教科の学習の記録や特別活動の記録，行動の記録，進路指導の記録，指導上参考となる諸事項に分かれている所見欄等を統合し，

従来これらの欄に記入していた事項を記入する欄として設けられている。

(2) 通信簿

　国立教育政策研究所の調査（2003年）では，通信簿の表紙に掲げられている名称では「あゆみ」という名称が多く，ついで「通知表」となっている。第5学年の通信簿では「各教科の学習の記録」欄は，「観点別学習状況」だけで構成されているものが71％，これに評定を組み合わせているものが29％となっている。99％が「観点別学習状況」欄で，観点の趣旨を文章で表示しており，「よくできる，できる，もう少し」や「よくできる，できる，がんばろう」などのような評価の表示が49％であり，ついで「◎，○，△」などの記号が36％，段階は3段階のものが95％である。評定については「3，2，1」の数字で表すものが43％で最も多い。69％が「観点別学習状況」と「評定」の評価欄をともに各学期においている。観点別評価は，学期末，あるいは学年末に通知表などで児童や保護者に通知される。

　家庭科においても，学期ごとに「観点別学習状況」と「評定」を通信簿につけている学校が最も多く，評価の準備をする必要があることがわかる。教師は，日常の授業で情報を収集し，それを整理し，評価活動に当たっている。

〔仙波圭子〕

〈参考文献〉
1) 中央教育審議会（2008）『幼稚園，小学校，中学校，高等学校及び特別支援学校の学習指導要領の改善について（答申）』
2) 教育課程審議会答申（2000）『児童生徒の学習と教育課程の実施状況の評価の在り方について（答申）』
3) 国立教育政策研究所（2002）『評価規準の作成，評価方法の工夫改善のための参考資料』
4) 国立教育政策研究所（2003）『通信簿に関する調査研究』
5) 国立教育政策研究所（2004）『学習評価の工夫改善に関する調査研究』
6) 田中耕治編（2005）『よくわかる教育評価』ミネルヴァ書房
7) 田中耕治（2008）『教育評価』岩波書店
8) 西岡加名恵（2007）『教科と総合に活かすポートフォリオ評価法　新たな評価基準の創出に向けて』図書文化
9) 松下佳代（2007）『パフォーマンス評価－子どもの思考と表現を評価する』日本標準
10) 佐藤博隆／情報文化教育研究会編著（1998）『教育評価情報の活用とコンピュータ』明治図書
11) 北尾倫彦・林瑠美子（2002）『平成14年版　観点別学習状況の新評価基準表　小学校・家庭』図書文化

7章 家庭科の授業づくり

1 家族・家庭生活

　平成20年（2008）告示の学習指導要領では、指導計画の作成にあたり「家庭生活と家族」の「(1)自分の成長と家族」について、家庭科全体のガイダンスとして第5学年の最初に設定し、児童が自分の成長を実感し、意欲的に学習に取り組めるように配慮することが明記されている。本書では、そのような配慮事項を念頭において題材案及び時案を紹介する。

ア　題材名

　「見つめてみよう　自分のことや家庭のこと」（第5学年─家庭科授業開き後を想定）

イ　題材設定の理由

　5年生になった児童たちは、初めて学ぶ家庭科に大きな期待を抱いている。しかし、高学年になったという自覚はまだ不十分で、ここまでの成長が実感できていないようだ。1，2年生で履修する生活科で「自分の成長」について取り組んではきたが、高学年になった現在、あらためて自分を見つめ、自分のよいところや好きなところを見つけたり、自己有用感を獲得できないでいる児童もいる。

　成長や発達には個人差があるため、クラスの児童が同じものさしで同じように成長を確認することはむずかしい。ましてや他者との比較により、自分は成長できていない、あるいは遅れているなどといったネガティヴな確認になっては、本末転倒である。それぞれが、例えば、以前はできなかったことができるようになったり、嫌だったことが克服できたり、わからなかったことが理解で

きるようになったりなど，自分を客観的に見つめ，自分の変化に気付くことで，他者との比較によるものではない，自分自身の成長に気付くような題材を設定したいと考えた。

また，家族構成も一様でなく，保護者の就業状況も様々である。比較的落ち着いているクラスとはいえ，中には家庭の複雑な事情を抱えている児童もいるため，プライバシーへの配慮も必要である。あるべき家庭像や，ステレオタイプの家族を扱っても，児童たちの興味関心には結びつかない。むしろ自分自身を見つめるときと同じように，それぞれの家庭生活を客観的に見つめ，よいところや改善したいところを発見したり，家庭における受動的立場から能動的立場の可能性を探ったりなど，各自が自分の家庭について考えることができる学習を心がけた。

自分のことや家族・家庭のことは，身近なことがらであるだけに学習の対象として意識することはあまりない。しかし，自分を支えているものへの気付きや，自分を肯定的に受けとめることができる学びは大切である。本題材では，これから学んでいく家庭科の視点として，自分のことや自分と関わる人のこと，また，家庭生活を中心とした日々の生活のことなどに注目して，学校での学習を家庭でも生かし，実践していくことを確認したい。

ウ　題材の目標

① 積極的に自分のことを見つめ，成長している自分を肯定的に受けとめようとしたり，家庭生活についても意欲的に調べたり，発見しようとする。

② 調べたことや発見したことなどを，わかりやすく工夫してまとめることができる。

③ 家庭生活の実態把握（家庭生活ウォッチング）から，見つけた課題について，改善しようと行動することができる。

④ 以前と比べ変化が見られる自分を自覚でき，成長していることを理解できる。

⑤ 家庭のはたらきについて知り，自分にとっての存在意義を理解できる。

エ　指導計画（5時間扱い）
　第1次　自分の成長を確認しよう ・・・・・・・・・ 2時間　（本時　1／2）
　　・自分の成長が実感できるかな－考えてみよう，見つけてみよう。
　　・低学年のときと今の違いを発見しよう－1年生の椅子に座ってみたり，上履きの大きさを比べてみよう，など
　第2次　家庭生活ウォッチング ・・・・・・・・・・ 3時間
　　・家ではどんなことをしているかな－思い出してみよう。
　　・家では誰がどのように過ごしているかな－自分自身について記録をつけてみよう。家族についてはインタビューや観察をしてみよう。
　　・家庭生活ウォッチングからどのようなことがわかったかな
　　　①　自分が自分のためにやっていること
　　　②　誰かが自分のためにやってくれていること
　　　③　自分が誰かのためにやっていること
　　　④　今はまだやっていないが，これからやってみたいと思っていること
　　　⑤　今はまだやってあげられないが，これからやってあげようと思っていることなどを，それぞれの理由や考えを含めながらまとめよう。
オ　準備
　・発達や成長がわかる資料
　・写真（年齢による違いがわかるようなもの。学校にあるアルバムなど）
　・1年生が使用する椅子や上履きなど（学校にある低学年用のものなど）
カ　本時の指導
　　①　題材名：自分の成長を確認しよう
　　②　ねらい：自分自身について，できるようになったことやわかるようになったことなどを，意識して見つけようとし，自分の成長について気付くことができる。

指導内容	学習活動	教師の働きかけ等	資料・★評価等
（導入） めあての確認	実物や写真による二者の比較から「違い」を発見する。 めあてを確認する。	筍と竹など比較しやすい二者の実物か写真などを見せながら「違い」への気付きをうながす。 本時のめあてを示す。	資料 実物や写真など ★「違い」を発見しようとしているか。
（展開） 考えてみよう。 見つけてみよう 自分自身の「以前と今との違い」 ①について ②について ③について 発見した違いの振り返りと成長の確認	自分自身について ①以前はできなかったことで、今はできるようになったことを３つ探す。（発表） ②以前は嫌だったけれど今は嫌ではなくなったことを３つ探す。（発表） ③以前はわからなかったけれど今はわかるようになったことを３つ探す。（発表） 自分についてのいろいろな発見をノートにまとめる。 見つけたいろいろな違いの中で、特にうれしいものを選び発表する。	思い浮かべやすいように例をあげ、発問する。発見できない児童には、考えるヒントを与える。 例：学校生活の中ではどうか？　家庭生活の中ではどうか？　など。 何人かの児童に発表してもらう。 （言葉かけをしながら①⇒②⇒③へ） 児童の発表から、以前と今の違いのまとめ（例）を板書する。 （机間巡視しつつ） たくさん書いている人も少ない人も、見つけられたことを大いに認める。特にうれしい発見については、発表などで紹介してもらう。	★発問に対し、考えたり、探そうとしているか。 ★考えたり発見したりしたことを、ノートにまとめようとしているか。また、まとめ方の工夫が見られるか。
（まとめ） 自分自身の成長の実感 次時の予告	ノートにまとめたことを見直しながら、自分の成長を改めて実感する。	自分の確実な変化である成長を、自他ともに認め、それを大切にしていくことを確認する。	★自分の成長について気付くことができたか。

（増茂智子）

2 食生活

食生活領域の学習指導について，ごはんとみそ汁を教材とする題材案を示す。

ア　題材名
「おいしいごはんとみそしるをつくろう」（第5学年）

イ　題材設定の理由
　本題材では，近年重要性が再認識されている「日本型食生活」の基本となるごはんと汁物（みそ汁）を取り上げ，平成20年（2008）3月に告示された小学校学習指導要領における「B　日常の食事と調理の基礎」の内容である(2)「栄養を考えた食事」と(3)「調理の基礎」の項目を，相互に関連づけて構成している。

　食生活の多様化により，最近ではごはんを炊いたり，みそ汁を作ったりしない家庭もある。また，電気炊飯器の普及により，水加減や火力の調節をしながら炊飯することもほとんどない。インスタントみそ汁やだし入りみその普及もあり，だしを取ってその中で実を加熱し，みそを加えて汁に調理する家庭も少なくなっている。

　そこで，この学習を通して，児童は日本の伝統食であるごはんとみそ汁の調理に関する基本的な技能を身につけるとともに，食品を組み合わせて摂取することの必要性に気付き，日常生活で実践できるようにすることをねらいとしている。

　指導の留意点としては，ごはんでは米の洗い方，加える水の分量，吸水させる時間，加熱の仕方，蒸らしについて理解し，米を適切に炊飯することで，おいしいごはんにすることができるようにする。みそ汁では，だしの取り方，実の選び方や切り方，加熱の仕方，みその入れ方などを理解し，だしやみその風味とおいしさ，実の取り合わせ方などを習得できるようにする。

　これらの学習で身につけた知識や技能を活用することにより，よりよい食生活をしようとする意欲や態度を育成するとともに，第6学年で行う1食分の食

事を考えたり，整えたりすることができる能力へとつなげてゆく。

ウ　題材の目標
① 毎日の食事や食事に使われている食品に関心を持つことができる。
② ごはんとみそ汁について，材料や分量，手順を考えた調理計画を立て，自分なりに工夫することができる。
③ 安全に気をつけながら，ごはんを炊いたり，みそ汁を作ったりすることができる。
④ 食品の栄養的な特徴や体内でのおもなはたらきがわかり，食事をバランスよくとることができる。

エ　題材の指導計画（9時間扱い）
第1次　「どんなものを食べているのかな？」（1時間）
　・1週間分の主食を調べる
　・みそ汁の実に何が使われているのかを調べる
第2次　「おいしいごはんとみそしるのひみつを調べよう」（4時間）
　・炊飯の実験実習……………………（本時）
　・だしに関する実験実習
　・みその種類と特徴
　・実の取り合わせ方
第3次　「おいしく調理しよう」（3時間）
　・ごはんとみそ汁の実習計画
　・実習計画をもとにした調理実習
第4次　「バランスのよい食事を考えよう」（1時間）
　・食品のグループ分け
　・栄養のバランスがとれるようにするにはどうすればよいか

オ　準備
　・資料（本，雑誌，データなど）
　・食品（精白米，みそ，にぼし，野菜，とうふなど）
　・調理用具類

・食器類
カ　本時の時案
①小題材名：「たき方がちがうごはんのおいしさをくらべよう」

②ねらい：ごはんをおいしくたくためには，水の分量，吸水させる時間，火力の調節が大きく関係していることがわかる。

③展開：

指導内容	学習活動	教師の働きかけ等	資料・★評価等
課題の確認	1．班ごとにたき方を確認する。	・たき方を指示する。 吸水時間（30分以上，吸水なし） 水の分量（標準，標準より多め） 火加減（強火→中火→弱火，弱火のみ）	プリント
炊飯実験	2．たき方にしたがってごはんをたく。 ①米の計量，水の計量，用具の準備をする。 ②加熱しながら，米がごはんに変化する様子を観察し，記録する 3．たきあがったごはんを試食する。 ①自分の班のごはんを試食する。 ②たき方の異なる他の班のごはんを試食する。	・安全面について注意する。 ・火加減を確認する。 ・時間配分を確認する。 ・観察項目をあげておく（米の動き，米の大きさ，たきあがるまでの時間，ごはんの重量ほか）。 ・試食の項目をあげておく（かたさ，ねばり，つや，味ほか）。	調理用具類 精白米 ビーカー アルミホイル 記録用紙 ★協力しながら作業をしているか。 ★おいしいごはんについて考えながら試食しているか。

| 発表とまとめ | 4．おいしいごはんのたきかたについて発表し合い，まとめる。 | ・おいしいごはんをたくためのポイントは，水の分量，吸水時間，火加減であることが理解できるようにする。 | プリント
★おいしいごはんのたき方がわかったか。
★結果をわかりやすくまとめて発表しているか。 |

（新井映子）

3　衣生活

　今回の学習指導要領の改訂で，小学校と中学校の内容の体系化が図られた。衣生活に関わる内容の「製作」については，小学校では実施されていたが，中学校では選択の内容であった。中学校においても製作が行われることを考えると，小・中の5年間を見通し計画的に行われなければならない。ここでは，小・中の連携という視点から行われた授業実践を紹介する。

ア　題材名
　「生活に役立つ物を作ろう」

イ　題材について
　小・中一貫カリキュラムを作成しているが，そこでは研究の重点として「生活の自立に必要な基礎的な知識と技術の確実な習得」に置いている。
　「製作」に関しては，手縫いやミシン縫いの直線縫いをしっかり身につけさせる指導の工夫がポイントであると考えた。ここでは，既習の技能を生かして生活に役立つ物を製作する。その導入においては，写真や図などを用いて視覚に訴えたり，実物に触れさせるなど今後の活動への意欲を高める工夫をした。
　小・中の連携の視点から，並縫いを応用した刺し子を取り入れて簡単な装飾をし，技能の定着を図るようにした。隣接する中学校でも選択の学習で扱っているため，定着を図ることが中学校への円滑な接続を促すことにもなる。
　「刺し子」は柔道着や消防服などに用いられ，重ね合わせた布を細かく縫った丈夫なものである。児童には「刺し子」への理解がないので，中学生の作品や製作過程を示した図を提示するとともに写真も用意した。

ウ　題材の目標
　・生活に役立つ物をつくろうとする。（関心・意欲・態度）
　・個性を生かして生活に役立つ物を製作する。（創意工夫）
　・目的に合った大きさや形を考え，適切な材料を選んで生活に役立つ物を製作することができる。（技能）

・生活に役立つ物として身近に使われるクッションの製作の仕方を理解する。
　（知識・理解）

エ　指導計画（全8時間扱い）

時　間	学習過程	学　習　活　動
1	つかむ（本時）	・これまでの学習を生かしてクッションカバーの製作を行うことを知る。 ・刺し子について理解する。
2～7	つくる	・製作に必要な材料や用具を確認する。 ・製作の手順を考える。 ・製作を進める。
8	まとめる	・実習の反省やまとめをする。

オ　本時の学習

・本時のねらい：刺し子の技法が生まれた背景や理由を理解し，作品作りに生かそうとする。（関心・意欲・態度）

・本時の展開：（1時間目／全8時間扱い）

学習過程	学習活動	◎指導上の留意点　*研究との関連【評価】
つかむ	1．本時の学習のめあてを知る。 　刺し子のひみつをさぐり，クッション作りに生かそう	◎クッションカバーに刺し子で飾りをつけることを，説明書をもとに確認させるようにする。 *ねらいの明確化* 　本時のねらいを黒板に掲示し，意識を高めて学習できるようにする。
考える	2．刺し子の作品にふれ，刺し子をすることによって布がどのようになるか話し合う。 　・丈夫になる 　・きれいになる 　・無駄なく使うことができる	◎話し合いの材料となるように，隣接する中学校の生徒の家庭科作品を各グループに配る。 ◎布を重ねて縫い合わせていることが理解できるように，刺し子の製作工程を表した図を提示する。

		【刺し子の効果について関心を持っている（関心・意欲・態度）：グループでの話し合い】
		＊ねらいにせまる手立て＊ 刺し子についての理解を深めるために作品及び図を活用する。
	3．自分で模様を考え，発表する。 ・伝統的な定形模様 ・それに込められた願いや意味	◎イメージをふくらませることがしやすいように，数種類の写真を参考に見せ，それぞれの願いや意味を考えさせるようにする。【刺し子の意味を理解し，自分なりの模様を考えようとしている（関心・意欲・態度）：ワークシートの作品】
見通しをもつ	4．刺し子を自分の作品作りにどのように生かすか，ワークシートに書き，発表する。	＊効果の確かめ＊ 本時の学習を，次時以降の作品作りに生かそうとしているか，ワークシートで確認する。

カ　本授業の評価

　クッションカバーを生活に役立つ物の製作に取り上げ，自分でデザインした模様を並縫いして刺し子とした作品である。刺し子は日本の伝統文化の点から，また既習の並縫いが活用できて技能の定着が期待できる点から評価できる。

　しかし，刺し子のデザインは自由な発想で取り組める反面，細かくなりすぎて手に余ってしまう場合がある。子どもの意欲も低下するので，時間的，技術的に可能な範囲のデザインにする必要がある。また，中学校への発展を考えると，小学校では何に重点を置いて指導するのか，十分に検討する必要がある。

　クッションは子どもが好む作品であり，ミシン縫いでさほど時間をかけずに完成でき，快適な衣生活を営む上からも家庭生活での活用が期待できる。自分で作製した作品は，大切に長く使用したいものである。

　この授業は，三鷹市立中原小学校　齋藤庸史教諭の実践であり，一部加筆して使用したことを付記しておく。

（内野紀子）

4　住生活

ア　題材名

　「ピカピカ大作戦」

イ　題材設定の理由

　本題材は，学習指導要領の内容「Ｃ　快適な衣服と住まい」を受けて構成している。ここでは，清掃を取り上げ，気持ちのよい住まい方を考える。学校や家庭での体験をもとに清掃を見直し，何のために清掃するのか，なぜ汚れるのかを考えるとともに，床や窓などの汚れの種類，汚れ方に応じた清掃の仕方がわかり，状況に応じた清掃の仕方を考えて適切な清掃ができるようにすることをねらいとしている。普段行っている清掃を見直すことから，その意義について考えさせる。児童は，"ただなんとなく"清掃をしていると考えられるので，健康や衛生面においての意義について，特に気付かせたい。教室や校内の汚れを調べて，普段は気にとめなかった汚れを認識させ，主体的に清掃に取り組ませることを目指したい。また，実際に教室や校内の清掃の工夫について考えさせ，実習を通して試してみることによってそのよさを実感し，学んだことを年末の家庭の大掃除に役立ててほしい。

ウ　題材の目標

　(1)　気持ちのよい住まいについて考える（関心・意欲・態度）
　(2)　汚れの種類とその原因がわかる（知識・理解）
　(3)　汚れに応じた除去ができる（技能）
　(4)　場所に応じた清掃の仕方を工夫することができる（創意・工夫）

エ　題材の指導計画（4時間扱い）

　　第1次　身の回りの汚れを調べよう　　　…　2時間（本時）
　　第2次　教室をきれいにしよう！　　　　…　1時間
　　第3次　「ピカピカ大作戦」の計画を立てよう　…　1時間

オ 本時の指導

① 小題材名：身の回りの汚れを調べよう
② ねらい：
- 普段の清掃を見直し，気持ちのよい住まいについて考える（関心・意欲・態度）
- 教室や校内の汚れを調べて，汚れの種類とその原因を理解する（知識・理解）

③ 展開：

指導内容	学習活動	教師の働きかけ等	資料・★評価等
導入	1 普段の掃除を見直す。 ・掃除をしないと汚れる。 ・いつも掃除の時間，やっているよ。 ・家ではしていないな。	「整理・整頓だけしていれば，気持ちよく過ごせるかな？」 ・掃除の必要性について気付かせる。 ・普段の清掃では，行き届いていないところがあることに気付かせる。	
清掃は何のためにするのか考えよう	2 清掃の意味を考える。 ・汚れているといやだ。 ・見た目をきれいにする。 ・体に悪そう。 3 清掃の必要性を実感する。	「どうして掃除するの？　放っておいたら，どうなる？」 ・健康・衛生上の必要性について気付かせる。 ・カビやダニの写真を見せ，清掃の必要性を伝える。	・ダニの拡大写真 ・磁石 ★清掃の必要性がわかったか。
教室の汚れを調べよう	4 教室・廊下・階段の汚れを調べる。 ・班に分かれて，自分たちが調べたい場所を決める。 ・いろいろな汚れやごみがある。 ・きれいに見えるところでも，テープにたくさんのごみや	「教室や廊下・階段の汚れを調べてみよう」 ・学習プリントを配布する。 ・透明粘着テープを使って，見えにくい汚れを観察する方法を説明する。 ・15分で，汚れを観察してくるとともに汚れを付着させてくることを伝える。 ・活動場所を見てまわり，汚れ調べを支援する。	・学習プリント ・透明粘着テープ ★積極的に活動しているか。

	・汚れがついてくる。 ・採取した汚れを学習プリントにはる。	・班で協力して活動しているか確認する。 ・見逃しがちな場所について気付かせる。	★目に見えない汚れに気付いているか。
採取した汚れを発表しよう	5　班で集めた汚れについて，話し合う。 ・いろいろな汚れがくっついている。 ・たくさん集められた。 6　班で観察した結果を，発表する。 ・調べた場所によって結果が違う。	「班で集めたごみや汚れについて，まとめてみよう」 ・どんな汚れがついているか観察させる。 ・何個（種類），採取できたか数えさせる。 「まとめた結果を発表しよう」 ・場所に応じて，汚れが違うことに気付かせる。	・学習プリント ★場所に応じて，汚れの種類に違いがあることに気付いたか。
汚れる原因を考えよう	7　汚れる原因を考える。 ・消しゴムのかすを床に落としているから。 ・上履きに砂がついているから。 ・チョークを使うから。 ・きちんと掃除していないから。	「たくさん汚れが見つかったね。なぜ，こんなに汚れているのかな？」 ・教室の床や黒板の周りについて取り上げ，考えを出させる。 ・それぞれ調べた場所について原因を考えさせる。	★場所に応じた汚れの原因を，自分なりに考えようとしているか。
清掃のし方を考えよう	8　場所に応じた清掃の仕方を考える。 ・教室の床はていねいにはく。 ・チョークは細かいから，濡れたぞうきんでぬぐわなくちゃ。 ・ガラス窓はクリーナーで磨く。レールの溝は，箸のような細いものでこするといいと思う。	「場所によって汚れの種類が違うことがわかったね。では，それぞれの場所でどのような掃除をしたらいいかな？」 ・班ごとに意見を出させる。 ・汚れの特徴をおさえながら，適切な方法を考えさせる。 ・市販の洗剤やクリーナーを使わず，身近な用具やものできれいに汚れを落とせる生活の知恵があることを知らせる。	・学習プリント ★掃除の仕方を考えることができているか。 ・エコクリーンに関する資料
まとめと次時の予告	9　今日の学習を振り返る。 ・活動を通して学んだことを確認する。	「清掃は見た目をきれいにするだけでなく，衛生的で健康な生活を送るためにも必要で	

| | | あることを学習しました」
・学習の振り返りをする。
・次回は，班ごとに考えた清掃方法を試してきれいにすることを伝える。 | |

④ 評価：
　・清掃の必要性について関心が持てたか（関心・意欲・態度）
　・班で協力して，汚れを観察できたか（関心・意欲・態度）
　・汚れの種類とその原因が理解できたか（知識・理解）

（榊原典子）

5 消費生活・環境

ア 題材名
「環境に配慮した生活の工夫」

イ 題材設定の理由
　大量生産・大量消費・大量廃棄型の社会は，私たちに豊かな暮らしを保障する一方で，地球温暖化，オゾン層の破壊，酸性雨，異常気象，熱帯雨林の現象などの地球規模の深刻な環境問題や資源枯渇の問題を引き起こしている。豊かな地球環境を未来へ引き継いで行くためには，循環型社会の実現が求められているが，その実現のためには，社会経済システムとともに我々一人ひとりのライフスタイルの見直しが喫緊の課題となっている。

　このような地球環境の危機的状況についての子どもたちの認識は低いように思われる。多くの小遣いを所持し，不要な物まで購入をしていないだろうか。多くの物を所有し，物を粗末に扱ったり，使えるものまで捨てたりしていないだろうか。ごみは分別処理をきちんとしているだろうか。そして物の購入・使用・廃棄に関わる自分の日頃の行動が，環境と深く関わっていることに気付いているだろうか。

　そこでこの題材を通して，子どもたちが自分の生活と身近な環境との関わりに関心を持ち，循環型社会形成に向けて環境に配慮した生活の工夫ができるようにさせたい。平成12年（2000）6月に制定された「循環型社会形成推進基本法」では，ごみ処理やリサイクルの取組みの優先順位を示しており，優先すべき順番を，1番目：発生抑制（リデュース），2番目：再使用（リユース），3番目：再生利用（マテリアルリサイクル），4番目：熱回収（サーマルリサイクル），5番目：適正処分，としている。ここではこの優先順位を踏まえて，子どもたちが日常生活の中で取り組むことができる環境に配慮した工夫について考えさせたい。また，一人ひとりの取組みだけでなく，近隣の人々とともに地域で取り組む活動にも関心を向けさせ，進んで協力できるような態度を身に

つけさせたい。
ウ 題材の目標
(1) ごみ問題の実態を知り，循環型社会を形成していくためには，私たち一人ひとりがこれまでの生活を見直していく必要があることを理解する。
(2) ごみになる物を減らすための工夫について考えることができる。
(3) 不要になったものを繰り返し使うための工夫について考えることができる。
(4) 再使用できないものは資源としてリサイクルできることを知り，地域におけるリサイクル活動に協力しようとする態度を身につける。

エ 指導計画（4時間扱い）
第1次 ごみ問題と循環型社会を知ろう…1時間
　・ゴミ問題の実態を知る
　・循環型社会と3つのR（リデュース・リユース・リサイクル）を知る
第2次 ごみになるものを減らそう（リデュース）…1時間（本時）
　・物の有効な使い方を考える
　・無駄にごみを出さない工夫をする
　・買い物の仕方を考える
第3次 何度も使おう（リユース）…1時間
　・不用品を活用する方法を考える（リフォームなど）
　・リターナブルびんを知る
　・フリーマーケットとリサイクルショップを知る
第4次 リサイクルしよう（リサイクル）…1時間
・ごみの分別収集を考える
・リサイクルのマークを知る
・地域のリサイクル活動への協力を考える

オ 準備
教師：学級（学校）の落し物，おまけ付き商品，詰め替え商品，過剰包装の商品，買い物用マイバッグ，絵本『もったいないばあさん』，資料

(給食の残滓量と写真), 教科書

児童：教科書, ノート

カ　本時の指導

① 小題材名：ごみになるものを減らそう（リデュース）

② ねらい：
- ・「もったいない」の言葉の意味を理解する。
- ・ごみになる物を減らすための工夫について考えることができ, 自分自身の生活を見直し, 改善しようとする意欲を持つ。

③ 展開：

本時の指導過程

指導内容	学習活動	教師の働きかけ等	資料・★評価等
「もったいない」ということ	1　日常生活のどのような場面で「もったいない」という言葉が使われているか発表し,「もったいない」という言葉の意味を知る。	・衣食住などの生活の場面を考えさせながら, 誰がどのような場面で使っているか思い出させる。 ・児童自身が「もったいない」という言葉を使っているか聞く。 ・ごみを減らす工夫の3Rを思い出させる。	★日常生活に対する関心を持っているか。
ごみになる物を減らそう	2　身近な物の有効な使い方を考える。	・学用品の使い方, 落し物などを手がかりに, 身近な物の使い方を見直させる。 ・物を長く最後まで活用すること, 無駄なく使い切ること, 修繕して使うことなどの工夫を発表させる。	学級(学校)の落し物 ★物の有効な使い方を考えることができたか。
	3　無駄にごみにしているものはないか考える。	・給食を思い出させながら, 食事を残さず食べることはごみを減らすことになることに気付かせる。 ・生ごみを減らすこと（エコ	給食の残滓量と写真 ★無駄にごみを出さない工夫を考えることができたか。

7章　家庭科の授業づくり

		クッキング）や，消費期限や賞味期限をチェックし，食べ物をごみにしないことなども考えさせる。	
	4　ごみになる物を家に持ち込まない買い物の工夫を考える。	・安売りやおまけにつられて不要なものまで買わないこと，使い捨て商品はなるべく買わないこと，詰め替え商品を選ぶこと，買い物のときはマイバッグを持参することなど，ごみを家に持ち込まないことが大切であることを理解させる。 ・トレイや包装紙などの過剰包装もごみになることに気付かせる。	おまけ付き商品，詰め替え商品，過剰包装，マイバッグなどの例 ★ごみになる物を家に持ち込まない買い物の工夫を考えることができたか。
自分の生活の改善	5　自分自身のことや家庭生活を見直し，改善点を考えてノートにまとめる。	・絵本を紹介し，「もったいない」という言葉の意味を確認する。 ・循環型社会の推進のために１番目に大切なのはごみを出さないことであること，そのためには一人ひとりの小さな努力が大切であることを伝える。	真珠まりこ作・絵(2004)『もったいないばあさん』講談社 ★自分の生活の改善点を考え，実践しようとする意欲が持てたか。

(吉本敏子)

173

付録1　小学校学習指導要領　家庭（新旧対照表）

平成10年12月告示	平成20年3月告示
第8節　家庭	第8節　家庭
第1　目標	第1　目標
衣食住などに関する実践的・体験的な活動を通して，家庭生活への関心を高めるとともに日常生活に必要な基礎的な知識と技能を身に付け，家族の一員として生活を工夫しようとする実践的な態度を育てる。	衣食住などに関する実践的・体験的な活動を通して，日常生活に必要な基礎的・基本的な知識及び技能を身に付けるとともに，家庭生活を大切にする心情をはぐくみ，家族の一員として生活をよりよくしようとする実践的な態度を育てる。
第2　各学年の目標及び内容	第2　各学年の目標及び内容
〔第5学年及び第6学年〕 1　目標 (1)　衣食住や家族の生活などに関する実践的・体験的な活動を通して，家庭生活を支えているものが分かり，家庭生活の大切さに気付くようにする。 (2)　製作や調理など日常生活に必要な基礎的な技能を身に付け，自分の身の回りの生活に活用できるようにする。 (3)　自分と家族などとのかかわりを考えて実践する喜びを味わい，家庭生活をよりよくしようとする態度を育てる。	〔第5学年及び第6学年〕 1　目標 (1)　衣食住や家族の生活などに関する実践的・体験的な活動を通して，自分の成長を自覚するとともに，家庭生活への関心を高め，その大切さに気付くようにする。 (2)　日常生活に必要な基礎的・基本的な知識及び技能を身に付け，身近な生活に活用できるようにする。 (3)　自分と家族などとのかかわりを考えて実践する喜びを味わい，家庭生活をよりよくしようとする実践的な態度を育てる。
2　内容	2　内容 A　家庭生活と家族 (1)　自分の成長と家族について，次の事項を指導する。 　ア　自分の成長を自覚することを通して，家庭生活と家族の大切さに気付くこと。 (2)　家庭生活と仕事について，次の事項を指導する。
(1)　家庭生活に関心をもって，家庭の仕事や家族との触れ合いができるようにする。	ア　家庭には自分や家族の生活を支え

ア　家庭には自分や家族の生活を支える仕事があることが分かること。
　　イ　自分の分担する仕事を工夫すること。
　　ウ　生活時間の有効な使い方を考え，家族に協力すること。
　　エ　家族との触れ合いや団らんを楽しくする工夫をすること
(2)　衣服に関心をもって，日常着を着たり手入れしたりすることができるようにする。
　　ア　衣服の働きが分かり，日常着の着方を考えること。
　　イ　日常着の手入れが必要であることが分かり，ボタン付けや洗たくができること。
(3)　生活に役立つ物を製作して活用できるようにする。
　　ア　布を用いて製作する物を考え，製作計画を立てること。
　　イ　形などを工夫し，手縫いにより目的に応じた簡単な縫い方を考えて製作ができること。また，ミシンを用いて直線縫いをすること。
　　ウ　製作に必要な用具の安全な取扱いができること。
(4)　日常の食事に関心をもって，調和のよい食事のとり方が分かるようにする。
　　ア　食品の栄養的な特徴を知り，食品を組み合わせてとる必要があることが分かること。
　　イ　1食分の食事を考えること。
(5)　日常よく使用される食品を用いて簡単な調理ができるようにする。
　　ア　調理に必要な材料の分量が分かり，手順を考えて調理計画を立てること。
　　イ　材料の洗い方，切り方，味の付け方及び後片付けの仕方が分かること。
　　ウ　ゆでたり，いためたりして調理ができること。

　　る仕事があることが分かり，自分の分担する仕事ができること。
　　イ　生活時間の有効な使い方を工夫し，家族に協力すること。
(3)　家族や近隣の人々とのかかわりについて，次の事項を指導する。
　　ア　家族との触れ合いや団らんを楽しくする工夫をすること。
　　イ　近隣の人々とのかかわりを考え，自分の家庭生活を工夫すること。
B　日常の食事と調理の基礎
(1)　食事の役割について，次の事項を指導する。
　　ア　食事の役割を知り，日常の食事の大切さに気付くこと。
　　イ　楽しく食事をするための工夫をすること。
(2)　栄養を考えた食事について，次の事項を指導する。
　　ア　体に必要な栄養素の種類と働きについて知ること。
　　イ　食品の栄養的な特徴を知り，食品を組み合わせてとる必要があることが分かること。
　　ウ　1食分の献立を考えること。
(3)　調理の基礎について，次の事項を指導する。
　　ア　調理に関心をもち，必要な材料の分量や手順を考えて，調理計画を立てること。
　　イ　材料の洗い方，切り方，味の付け方，盛り付け，配膳及び後片付けが適切にできること。
　　ウ　ゆでたり，いためたりして調理ができること。
　　エ　米飯及びみそ汁の調理ができること。
　　オ　調理に必要な用具や食器の安全で衛生的な取扱い及びこんろの安全な取扱いができること。

平成10年12月告示	平成20年3月告示
エ　米飯及びみそ汁の調理ができること。 オ　盛り付けや配膳を考え，楽しく食事ができること。 カ　調理に必要な用具や食器の安全で衛生的な取扱い及びこんろの安全な取扱いができること。 (6)　住まい方に関心をもって，身の回りを快適に整えることができるようにする。 　ア　整理・整とんや清掃を工夫すること。 　イ　身の回りを快適に整えるための手立てや工夫を調べ，気持ちよい住まい方を考えること。 (7)　身の回りの物や金銭の計画的な使い方を考え，適切に買物ができるようにする。 　ア　物や金銭の使い方を自分の生活とのかかわりで考えること。 　イ　身の回りの物の選び方や買い方を考え，購入することができること。 (8)　近隣の人々との生活を考え，自分の家庭生活について環境に配慮した工夫ができるようにする。	C　快適な衣服と住まい (1)　衣服の着用と手入れについて，次の事項を指導する。 　ア　衣服の働きが分かり，衣服に関心をもって日常着の快適な着方を工夫できること。 　イ　日常着の手入れが必要であることが分かり，ボタン付けや洗濯ができること。 (2)　快適な住まい方について，次の事項を指導する。 　ア　住まい方に関心をもって，整理・整頓や清掃の仕方が分かり工夫できること。 　イ　季節の変化に合わせた生活の大切さが分かり，快適な住まい方を工夫できること。 (3)　生活に役立つ物の製作について，次の事項を指導する。 　ア　布を用いて製作する物を考え，形などを工夫し，製作計画を立てること。 　イ　手縫いや，ミシンを用いた直線縫いにより目的に応じた縫い方を考えて製作し，活用できること。 　ウ　製作に必要な用具の安全な取扱いができること。 D　身近な消費生活と環境 (1)　物や金銭の使い方と買物について，次の事項を指導する。 　ア　物や金銭の大切さに気付き，計画的な使い方を考えること。 　イ　身近な物の選び方，買い方を考え，適切に購入できること。 (2)　環境に配慮した生活の工夫について，次の事項を指導する。 　ア　自分の生活と身近な環境とのかかわりに気付き，物の使い方などを工夫できること。

第3　指導計画の作成と各学年にわたる内容の取扱い 1　指導計画の作成に当たっては，次の事項に配慮するものとする。 　(1)　題材の構成に当たっては，児童の実態を的確にとらえるとともに，内容相互の関連を図り，指導の効果を高めるようにすること。 　(2)　第2の内容の(3)及び(5)については，学習の効果を高めるため，2学年にわたって平易なものから段階的に扱うこと。 2　第2の内容の取扱いについては，次の事項に配慮するものとする。 　(1)　内容の範囲と程度については，次の事項に配慮すること。 　　ア　(2)のアについては，保健衛生上，生活活動上の着方を中心に取り上げること。イについては，洗剤の働きに深入りしないこと。 　　イ　(4)のアについては，食品の体内での主な働きを中心にし，細かな栄養素や食品成分表の数値は扱わないこ	第3　指導計画の作成と内容の取扱い 1　指導計画の作成に当たっては，次の事項に配慮するものとする。 　(1)　題材の構成に当たっては，児童の実態を的確にとらえるとともに，内容相互の関連を図り，指導の効果を高めるようにすること。 　(2)　「A家庭生活と家族」の(1)のアについては，第4学年までの学習を踏まえ2学年間の学習の見通しを立てさせるために，第5学年の最初に履修させるとともに，「A家庭生活と家族」から「D身近な消費生活と環境」までの学習と関連させるようにすること。 　(3)　「B日常の食事と調理の基礎」の(3)及び「C快適な衣服と住まい」の(3)については，学習の効果を高めるため，2学年にわたって取り扱い，平易なものから段階的に学習できるよう計画すること。 　(4)　第1章総則の第1の2及び第3章道徳の第1に示す道徳教育の目標に基づき，道徳の時間などとの関連を考慮しながら，第3章道徳の第2に示す内容について，家庭科の特質に応じて適切な指導をすること。 2　第2の内容の取扱いについては，次の事項に配慮するものとする。 　(1)　「B日常の食事と調理の基礎」については，次のとおり取り扱うこと。 　　ア　(2)のア及びイについては，五大栄養素と食品の体内での主な働きを中心に扱うこと。 　　イ　(3)のエについては，米飯やみそ汁が我が国の伝統的な日常食であることにも触れること。 　　ウ　食に関する指導については，家庭

平成10年12月告示	平成20年3月告示
と。 　ウ　(6)のイについては，暖かさ，風通し，明るさなどから選択して取り上げること。 　エ　(7)のアについては，使っていない物を家庭内で再利用するなど物の活用についても扱うこと。イについては，内容の(1)，(3)，(5)及び(6)で扱う用具や実習材料など身近な物を取り上げること。 　オ　(8)については，(1)から(7)までの各項目での学習を生かして総合的に扱うこと。また，自分の家庭生活上の課題について実践的な活動を中心に扱うこと。 (2)　実習の指導については，次の事項に配慮すること。 　ア　服装を整え，用具の手入れや保管を適切に行うこと。 　イ　事故の防止に留意して，熱源や用具，機械などを取り扱うこと。 　ウ　調理に用いる食品については，生の魚や肉は扱わないなど，安全・衛生に留意すること。 (3)　内容の範囲や程度等を示す事項は，すべての児童に対して指導するものとする内容の範囲や程度等を示したものであり，学校において特に必要がある場合には，この事項にかかわらず指導することができること。 3　家庭との連携を図り，児童が身に付けた知識と技能などを日常生活に活用するよう配慮するものとする。	科の特質に応じて，食育の充実に資するよう配慮すること。 (2)　「C快適な衣服と住まい」の(2)のイについては，主として暑さ・寒さ，通風・換気及び採光を取り上げること。 (3)　「D身近な消費生活と環境」については，次のとおり取り扱うこと。 　ア　(1)のイについては，「A家庭生活と家族」の(3)，「B日常の食事と調理の基礎」の(3)並びに「C快適な衣服と住まい」の(2)及び(3)で扱う用具や実習材料などの身近な物を取り上げること。 　イ　(2)については，「B日常の食事と調理の基礎」又は「C快適な衣服と住まい」との関連を図り，実践的に学習できるようにすること。 3　実習の指導については，次の事項に配慮するものとする。 (1)　服装を整え，用具の手入れや保管を適切に行うこと。 (2)　事故の防止に留意して，熱源や用具，機械などを取り扱うこと。 (3)　調理に用いる食品については，生の魚や肉は扱わないなど，安全・衛生に留意すること。 4　家庭との連携を図り，児童が身に付けた知識及び技能などを日常生活に活用するよう配慮するものとする。 5　各内容の指導に当たっては，衣食住など生活の中の様々な言葉を実感を伴って

理解する学習活動や，自分の生活における課題を解決するために言葉や図表などを用いて生活をよりよくする方法を考えたり，説明したりするなどの学習活動が充実するよう配慮するものとする。

付録2　小学校教材機能別分類表（抜粋）
(平成13年　文部科学省)

1．発表・表示用教材

教科等	品目類別	例示品名
①学校全体で共用可能な教材	発表用教材	オーバーヘッドプロジェクター，拡大機，レーザーポインター（PSCマーク付）など
	表示用教材	テレビ，DVDプレーヤー，教材提示装置（ビデオプロジェクターなど），スライド映写機，映写幕，紙芝居舞台，行事告知板など
	放送用教材	放送設備一式など
②特定の教科等で必要な教材		
家　庭	黒板の類	黒板（栄養，献立表など）など
	掛図の類	教授用掛図（家庭など）など
	標本・模型	標本（基礎縫い，布地など），模型（食品，献立など）など
	教師用教具	裁縫用具一式，栄養指導用具一式など
	ソフト教材	DVD，スライド，ビデオテープなど
	指導用PCソフト	家庭科指導用など

2．道具・実習用具教材

教科等	品目類別	例示品名
①学校全体で共用可能な教材	資料作成教材	裁断機，紙折機，製本機，ラミネート作成機など
	測定用教材	巻き尺，ストップウォッチなど
	保管戸棚の類	ソフト収納戸棚，AV機器保管戸棚など
②特定の教科等で必要な教材		
家　庭	衣服関係教材	
	①衣服手入れ教材	電気アイロン，アイロン台，噴霧器，電気洗濯機一式など
	②衣服製作教材	ミシン及び付属品，裁縫板，裁縫用具一式，大鏡など
	調理関係教材	

付録

	①調理用具	コンロ，炊事用具一式，鍋類一式，容器一式，食器一式など
	②電化製品	電子オーブンレンジ，ホットプレート，電気冷凍冷蔵庫，エアタオルなど
	③計量・検査器	上皿自動秤，計量器，食品成分検査用具（塩分計，糖度計など）など
	整理用教材	電気掃除機，清掃用具一式，まな板包丁滅菌庫など

3．実験観察・体験用教材

教科等	品目類別	例示品名
①学校全体で共用可能な教材	野外活動用教材	携帯用拡声機，トランシーバーなど
	安全学習体験用教材	交通安全用具一式など
②特定の教科等で必要な教材		
家　庭	家庭関係測定器	家庭関係測定器一式など

4．情報記録用教材

教科等	品目類別	例示品名
①学校全体で共用可能な教材	音声記録教材	テープレコーダー，マイクロカセットレコーダー，デジタルボイスレコーダーなど
	映像記録教材	ビデオテープレコーダー，デジタルカメラ，デジタルビデオカメラ，ビデオテープ編集装置，カラーコピー機など

（留意点）
　これらは，教科等にかかわらず学校で共通的に使うことができるものが多いが，特定の教科等においては，地域の状況等を踏まえ，特色ある授業等に応じて備えるべき教材が必要な場合も考えられる。なお，情報記録に関してはMO（光磁気ディスク）等を有効に活用することが望まれる。
　また，高価な教材が多いことから，使用頻度が年に数回程度しか見込まれない教材については，効率的使用の観点から，地域の実情に応じて，例えば地域の数校で共通利用することなども有効な方法と考えられる。

新版 小学校 家庭科授業研究

2009年8月27日 初版第1刷発行

編　者　池﨑喜美惠
発行者　小　林　一　光
発行所　教育出版株式会社
　　　　101-0051 東京都千代田区神田神保町2-10
　　　　電話 03-3238-6965　振替00190-1-107340

©K. Ikezaki　2009
Printed in Japan
乱丁・落丁本はお取替いたします。

組版　ピーアンドエー
印刷　モリモト印刷
製本　上島製本

ISBN978-4-316-80243-5　C3037